ONLINE and OFFLINE

オンラインとオフラインで考える特別支援教育

青山 新吾 監修　郡司 竜平・野口 晃菜 編著

明治図書

はじめに

本書は，特別支援教育の最前線の現場にいる人々が，今まで誰も経験をしてこなかったコロナ禍でチャレンジをし続けてきた記録です。長期の臨時休業中の試行錯誤の取り組み，学校再開後の新しい生活様式下での取り組みが記録されています。そしてその中から課題を整理し，一歩先へ進むためにはどうしたらよいのかを考えるきっかけが散りばめられています。

私，郡司が偶然参加することになったSNSグループでの出会いから始まり，臨時休業中から今日までお互いの取り組みにヒントを得たり，ときに支え合ったりした，これまで誰も経験していないコロナ禍での取り組みをなんとか多くの人たちに伝えたいと企画しました。最先端の授業実践ばかりではないですし，華々しいオンライン型の提案だけでは決してないかもしれません。新しい生活様式のもと，慣れない学校生活を子どもとともに苦しみながらも工夫してきた記録です。全国の多くの学校や関係機関の方と思いを共有できる取り組みの数々ですし，一人でも多くの方の明日への取り組みのヒントにしていただければ幸いです。まずはグループの立ち上げ人である野口晃菜さんに，少しお話をお聞きしてみましょう。

1　SNSグループを立ち上げたきっかけ

郡司　SNS（Facebook）で晃菜さんが立ち上げた「休校中のノウハウ共有【特別支援教育】」での皆さんの発信やオンラインでのやりとりがこの一冊を生み出すきっかけとなりました。グループ設定の情報欄には「コロナによる休校でオンラインでの指導や家庭学習が求められています。特別支援教育においては教科書がないことなどから困っておられる先生方も多いと思います。こちらにて情報共有ができたらと思い，ページを作成しました。(抜粋)」とありました。グループは2020年４月13日に作成されています。まずは，このグループを立ち上げた思いを改めてお聞かせください。

野口 2020年３月に学校が休業になり，その後の様子を見ていると，休業が終わったとしても，しばらくこれまでと同じ学校生活に戻るのは難しいと感じました。特別支援教育に関わっておられる先生方から困りの声を聞く中で，継続的に一緒に学校でできることを考えられないか，自分に何かできることがないか，と考え，とりあえずやってみようと４月にグループを立ち上げました。グループの機能としては，①お互いの取り組みの情報共有の場，②安全・安心に愚痴や悩みを話せる場，③お互いに助言をし合う場，の３つです。とにかくできることをすぐやろう，と思い半ば衝動的に立ち上げましたが，郡司さんをはじめとしたメンバーのみなさまが主体的に参加してくださり，私自身とても学びが多く，気軽に相談できる居場所になっています。

郡司 2020年12月５日時点で，グループのメンバーは200人となっています。そのメンバーには学校の教員だけではなく子どもたちを支える多種多様な職種の人たちが集まっています。私自身はこのメンバー構成がすごくいいし，晃菜さんらしいなと勝手に思っています。このメンバー構成についてはどのように捉えていますか？

野口 公開グループにするか，非公開グループにするか。保護者や一般の方も希望があれば入れるようにするか。専門家を入れるか。立ち上げ時に悩みました。今回はあくまでも学校の先生が安心して相談や情報交換をできる場にしたかったこと，Facebook は実名であることから，非公開グループにしました。また，私と同じように，学校現場にはいないけれど，何かできることはないか，と感じておられる特別支援教育に関わる専門家もいると思い，希望する専門家の方々にも入ってもらうことにしました。普段から私自身，理論と実践をつなぐことを大切にしていることもあり，定期的に開催しているオンラインイベントでは，現場の先生と専門家それぞれに登壇してもらいます。コメントをもらうことで，専門家は現場のリアルな課題がわかり，現場の先生は理論を実践に活用したりということができていると思います。郡司さんの言う通り，結果とてもいいメンバー構成になっていると思います。

2 今後の展開

郡司 このグループは現在，各地の学校で休業が明けた状態でも解散されずに維持されています。解散するどころか，休業中から共有してきたメンバー同士の知見等が生かされつつ，学校再開後の新たなニーズにも応えるグループになっていましたし，そこからさらに広がり，新たなグループができて情報共有され続けていると個人的には分析しています。このあたりを含めて今後の展開で何か具体的に考えているものがあれば教えていただけますか？

野口 おっしゃる通り，「最初はまず休業中の情報共有を！」と思いましたが，その後の分散登校，そして再開後も継続的に情報共有をしています。今後も引き続き，距離を置いた集団生活や，陽性者が出たときの対応，休業中の学習内容をどのように実施していくか等について共有の場を設けられたらと思っています。新型コロナ以前から，先生方が情報共有をしたり，専門家と意見交換をしたりする場があったらいいな，と思っていたので，特別支援教育そのもののあり方についても議論をし合える場に発展させていきたいな，と思っています。

3 この一冊への思い

郡司 幸か不幸か，予期してか予期せずかはわかりませんが，こうしてこの一冊を生み出す渦に巻き込まれてしまいました。晃菜さんご自身はこの一冊に対してどのような思いをもたれていますか。

野口 とにかく郡司さんをはじめとした先生方のパワーに驚きました（笑）。私も本にまとめられるといいな，と思っていましたが，さすがにこの忙しい中先生方に依頼をするという発想がなかったので，ご自身が現場の先生で，かつ，ものすごく忙しいにもかかわらず，「ぜひ本にしたい」と郡司さんから話があったときには，「先生方も忙しいのに大丈夫だろうか……」と歯切れの悪い返事をしたと思います。けれど，その後の郡司さんの粘り強い働きかけとプロットの作成，そしてその呼びかけに対する執筆陣の先生方の「ぜひ書きたいです！」というたくさんの声に，びっくりしましたし，ご自身の経験をより多くの人に届けたいという思いに感激しました。現場のリアルな声と，ときに孤軍奮闘しつつ，できることを模索し続けている先生方の実践を，多くの方々に知ってもらえることが嬉しいですし，楽しみです。

郡司 なぜあんなパワーが生まれたのかは自分でも正直よく把握できていませんが，晃菜さんはじめ専門家の方々，そして，地域も学校種も越えた教員の皆さんが一つの方向に向かっていくパワーのようなものを感じたのは確かですね。理論をまとめるとか，同じ行動をするとか，同じ実践をするとかではなく，それぞれが違う環境なのに，お互いに刺激を受けて，目の前の子どもたちと向き合うことに集中している空気感がありました。そのときに，「あっ，これ，伝えないといけないやつかもしれない」と思ってしまったのです。

さて，SNSのグループから生まれた一冊が動き出そうとしています。

第1章は，全国の学校が初めて経験する長期の臨時休業中の試行錯誤の取り組みをそれぞれの立場から書き綴りました。第2章からは学校再開後の新しい日常の学習を整理しました。教科や合わせた指導における現状や工夫が伝わるかと思います。第3章は，「オンライン」を活用した先進的な取り組みを報告していますし，第4章は「保護者・地域」，第5章では，学校現場をサポートしている人々の視点から学校を取り巻く現状について整理していただきました。それらを踏まえた形で第6章では学校の今を，7，8章では課題と今後に向けての提案を少しだけさせていただきました。あの時から1年が過ぎた今，一人でも多くの皆様方に，考えるべき視点をお届けできたなら，執筆陣一同これより嬉しいことはありません。

郡司　竜平，野口　晃菜

第3章　オンラインを活用した取り組み

第4章　コロナ禍の保護者や地域とのつながり

第7章　コロナ禍で露呈した特別支援教育の課題

第8章　今後の特別支援教育　座談会

第1章

臨時休業中の取り組み

—そこから見えてきた課題とヒント—

1 中学校特別支援学級での工夫

●顔を合わせず学習保障？

1 学習課題配布時の工夫と悩み

（1）学習課題配布時の工夫

2020年３月の初旬，生徒と１年間の振り返りをする間もなく，市内の学校が一斉休業になり，教師の仕事は休業中の学習課題作りと配布，家庭での様子の把握が中心になりました。

支援学級では１人ひとり取り組んでいる学習内容が異なるため，１人ずつ違った学習課題を作成します。休業中の学習課題は生徒が１人でできるものを中心に出しました。例えば，漢字は見本を見ながら正しく書き取りができるよう，普段使っている形式と同じプリントに，数学は授業で扱った内容を復習できる計算プリントにしました。生徒の実態に応じて，教師が丸つけをした場合と，回答も配布して自学した場合がありました。家庭によってはわからない問題を一緒に解くといったフォローをすることが保護者の負担になると考え，自分１人でやり切ることができるように心がけました。

４月に入学式と始業式は実施できたものの，その週に再度休業が決定し，休業は５月末まで続きました。定期的に電話連絡や玄関先での家庭訪問で保護者と接点をもち，学習課題の進捗状況や家庭での様子に応じて量や内容を調整しました。家庭で過ごす時間が長いのか，放課後等デイサービスの利用機会が多いのかなど，各家庭によって休業期間中の過ごし方に違いがあったので，学習課題の量（最低限の学習習慣の保持ができるよう１日５～10分程度でできるものから，１時間程度かかるもの）は最後まで試行錯誤が続きました。

(2) 見えてきた課題・反省点

休業中は，漢字や計算問題には繰り返し取り組んだため，学習内容の定着が見込めた反面，新たな学習に取り組むことは困難でした。本校ではプリントを印刷し家庭に届けていたので，新しい問題の解き方の説明や，解けない問題等へ対応することができませんでした。新たな学習に取り組む機会，生徒が自分の力を伸ばすための機会が奪われていることに悔しさも感じました。

また，生徒の学習の様子から，自分で丸つけと直しを行い，次に生かすプロセスが身についていないことに気づき，教師がその習慣を生徒に教えきれていないと反省しました。実際，丸つけや直しのやり方を伝えると，取り組みの質が向上し，学習内容の定着に結びついた生徒もいました。教師が丁寧に学習の方法を伝え，手や口を出しすぎない，自分でできるよう見守る姿勢が必要だと思いました。

さらに，対面授業で行っている具体物やタブレット端末等を使った授業が継続できないことも課題でした。ある生徒への模擬硬貨を使用しての支払いの学習は，難易度（ぴったり払うのか，100円単位で払うのかなど）や回数を本人の学習の様子で決めていたので，その役割を家庭で担ってもらうのは難しいと考え，継続を断念しました。また，タブレット端末ではお金や時計の学習に有料アプリを使用していたのですが，家庭にダウンロードをお願いするのは躊躇いがあり，難易度の選択等を家庭に委ねるのも厳しいと感じ，学習の継続ができませんでした。

このように，休業中に見えてきた課題は，自分の授業の仕方でした。普段の授業では，生徒の様子に応じて学習内容の調整をしていましたが，自分の感覚に頼った授業をしていたのだと思いました。学習内容の選択，次の段階への移行など，日常的な私の判断の基準が整理され，言語化できていれば，家庭への説明や提案ができたのではないかと思っています。これは，支援方法の引継ぎにも関わってくると考えています。

2　第2波への備え――Zoom を使った朝の会

（1）経緯

通常学級の生徒には，教科書や Web 上の多くの教材，テレビや動画での内容の解説等，学びのツールが多く提供されており，教育課程に沿って学びを継続させることができました。一方，特別支援学級向けのツールは乏しく，あったとしても，多くの教材の中から本人や保護者が適切な教材を選ぶことは困難でした。そのため，特別支援学級の生徒に対して，合理的配慮の観点から適切な課題の提示と学習支援が必要だと考えました。また，通常学級の生徒が休業期間中も生徒同士で連絡を取り合うことができる一方，特別支援学級の多くの生徒は普段から活動範囲（学校・放課後等デイサービス等）が限られており，家庭という限られた場所，人間関係の中で生活せざるを得ない状況にありました。生活リズムの乱れに関する相談もあり，学級での検討が始まりました。

（2）まずは朝の会をしてみよう

生徒や保護者にとって負担が少ないであろう朝の会をオンラインで実施してみることになりました。実施が決定された頃には学校再開の見通しが立っていましたが，今後の突発的な休業に備え，機器の利用に慣れるためにも各ご家庭に協力していただきました。健康観察やストレッチを行った朝の会には多くの生徒が楽しく参加をしてくれ，休業期間中に限らないオンラインの可能性を見出せました。

（3）今後の課題

実際に家庭と学校をオンラインでつないでみると，今後の取り組みへの課題が見えてきました。まずは，オンラインで何をするかという目的を明確にした方がよいということです。生活リズムを整える，コミュニケーションの機会を設ける，体を動かす機会を作る，学習支援等，生徒に今必要なことは何かを考えることが大切であり，その考えは普段の授業と変わらないのだと思いました。

今回は学校側がやり方や目的を提示して全員一律で実施をしましたが，生徒の様子や家庭の実情に合わせた柔軟な運用が必要だと思います。例えば，時間割（健康観察，宿題の質問，体操やダンス，教科の学習，自主学習など）を作っておいて，生徒が好きなコマに参加できるようにすれば，本人や保護者が自分たちに必要な内容を選択し，仕事や放課後等デイサービスの予定に合わせて授業に参加できそうです。

また，家庭での ICT 機器の使い方にも工夫が必要であると感じました。Zoom の操作は生徒が自分でできそうですが，その機器が保護者の所有物であると，機器を使用できるかが保護者の在宅状況によって左右されます。また，自分の機器があっても，動画視聴やゲームを長時間行う，不適切な表現を用いたサイトにアクセスする，課金をするといった機器の使い方への不安が残ります。このような不安に対しては，iPad のスクリーンタイムのような，特定のアプリや機能を使えないようにしたり使用制限を設けたりできる機能があるので，保護者とこのような情報を共有し，安心して家庭で ICT 機器を使えるような提案をしていきたいです。

（大石　梨菜）

Point

- ●自身の授業内容や指導方法を見直す
- ●目的を明確にしたオンラインの活用を行う
- ●家庭での ICT 機器の使い方を提案する

2 知的障害特別支援学校の取り組み

●手探りの学習支援から見えてきた「つながる」ヒント

1 突然の休業と家庭への支援

「これからもっとウイルス感染が拡大したら」「もし校内で感染者が出たら」など，教員間で話はするもののあまり現実感がなかった2020年２月末，一斉臨時休業が決まりました。

臨時休業開始と共に学校では各学部に相談窓口を設置し，家庭で過ごすことが難しい児童生徒を対象に居場所を提供する「学校預かり」の支援を行うことになりました。また，各家庭との連絡は原則週１回，担任が電話で健康状態や日中の過ごし方，家庭での困りごとなどの状況を聞き取ることで児童生徒の様子を把握していくことになりました。

当初，学校預かりの支援は人数調整の必要などから相談窓口を通して行われることになっていましたが，直接相談があったケースは少なく，実際は４月，５月と休業が長引くにつれ，担任が電話で様子を聞き取る中で保護者のSOSをキャッチし，学校預かりにつなげていくケースが多くありました。

「いたずらがエスカレートしている」「家で声が出たり跳びはねたりして困っている」といった家庭の困りごとも，休業中の日常の延長線上にあり，「今はどこの家庭も大変」と抱え込んでしまう保護者も多かったようです。また，近隣の方々の在宅時間が増えたことで，子どもの声や足音が周囲の迷惑になっていないかこれまで以上に気になってしまい，保護者が少しずつ疲れを溜めてしまったというケースもありました。

担任からの電話連絡は，保護者にとって担任と日常の困りごとを気軽に共有できる機会となりました。同時に担任にとっては家庭での困りごとに対する深刻さの変化や程度に気づき，支援につなげるための貴重な情報源となりました。「いつでもどうぞ」の相談窓口と，「いかがですか？」の電話連絡，両方がうまく機能できていたと感じています。

2　手探りの中始まる学習支援

国の緊急事態宣言を受けて臨時休業の長期化が決定的となった2020年４月，個々の実態や家庭状況に応じて学習に取り組めるよう，学習教材の提供というかたちで学習支援を開始することになりました。

（1）学習支援，プリント教材から動画教材の配信へ

４月中旬，学校 HP に「おやすみちゅうにやってみよう！」という学習支援のページが設けられました[1]。

各学部でコーナーが分けられ，小学部は生活記録表など毎日の生活習慣に関するもの，中学部，高等部は教科学習のプリント教材なども PDF ファイルで掲載されました。基本的には印刷を前提としたものが多く，書字や計算，観察記録表のような書き込み式教材が中心でしたが，調理や衣類の畳み方のような手順表として見ながら利用できるものもありました。また，分教室の生徒の多くはプリント学習での自学が可能なため，課題が家庭に郵送されました。６月の分散登校再開までに HP に掲載された教材数は，全学部を合計すると170にものぼりました。また，保護者向けを兼ねた学部共通コーナーには検温表や保健だよりの他，専門職から子どものメンタルヘルスに関する情報や家庭での対応，マスクが着用できるための工夫（素材や形状，代用品，難しい場合の意思表示カード）なども紹介されています。

５月中旬には G Suite for Education を活用したオンライン学習サイトを立ち上げ，動画教材の配信が始まりました。学部内に立ち上げられた数名のオンライン学習チームを中心に協力し合い，パネルシアターなどの鑑賞用動画やストレッチ，室内でできる体操など，既習内容や学校再開後につながる

内容を中心に動画教材が作成されました。
一度始めてみるとアイディアは広がっていき，新入生に向けた学校探検や校内紹介など対象やねらいが明確なものも増えていきました。

（2）学習支援の成果と課題

学習支援ページの活用は家庭状況に任されていたこともあり，臨時休業中の活用状況については調査されていません。保護者の声から推測すると活用した家庭は少なくはないものの，プリント教材よりも動画教材の方が多く見られていたようです。豊富に掲載された教材の数々は，子どもたちの学びを止めないために，少ない教員でできることを模索し，速やかにたくさん提供することを重視した成果です。「学習教材の提供」という臨時休業中における学習支援の目的は達成されたと思います。

一方，活用に至らなかった要因として，日中はデイサービスなどを利用していたこと，内容に制約があり幅広い実態をカバーしきれなかったこと，保護者の協力を必要とする方法であったことなどが考えられました。今後に向けて，①ニーズの再考により内容の「質」を検討すること，②様々な生活スタイルに応じた学習形態を提供できるようにすることの２点が課題であり，それらの改善が保護者の負担感の軽減にもつながると考えられました。

3 「つながる」ためのヒント

（1）子どもたちのニーズとは？

家庭でのオンライン学習を考えたとき，対象となる子どもの学年が下がるほど，知的障害が重度であるほど，内容の選定や取り組ませ方などが難しいと感じました。学習の蓄積そのものがまだ少なく，学習に向かうための支援も多く必要とするからです。「子どもに見せようとしても見てくれない」といった保護者の負担を軽減するためにも，重度知的障害の子どもたちのニーズに沿った内容を検討していくことがポイントとして考えられました。

日頃の子どもたちの様子を思い浮かべてみると，表情の変化や大きな反応，主体的な行動が引き出される場面には，いつも「知っていること（人）」や「好きなこと」があります。子どもたちが「見たい」と思ってくれるのは，朝の会のいつもの歌が聞こえたり，顔なじみの先生が呼びかけてくれたりといった動画であり，そこに子どもたちのシンプルなニーズがあるのではないかと感じました。

学校再開後のGoogle Classroomを活用した学校と家庭とのつながりも，子どもたちのニーズを考えるひとつのヒントとなっています。学校再開後も様々な理由から自宅で過ごすことを選択する家庭があり，小学部のAさんもその一人です。担任からの提案により，iPadを使って自宅と教室をリアルタイムでつなぎ，Aさんも一緒に朝の会に参加することになりました。Aさんのタブレット端末には進行役の教員や日直の友達の姿が，教室のiPadには自宅でタブレット端末をのぞくAさんの顔が映し出されています。

朝の会では，天気調べでAさんに「晴れ」と「くもり」のカードを画面越しに提示し「どっち？」と選んでもらうこともあります。また，iPadで撮影する教員が，Aさんに代わって前からみんなを映すことで，挨拶の場面では画面越しのAさんと友達が対面できるようにしました。Aさんの顔が見えることによって，登校している子どもも一緒に参加していることを実感できたようです。Aさんに気づいた子どもが画面越しに「おーい，Aさーん」と手を振りながら呼びかけると，Aさんもそれに嬉しそうに応えていました。先生や友達の存在に気づく，友達と応答し合う，朝の会の流れに参加できるということが，Aさんにとって学びの意欲につながったのかもしれません。

また，分教室では不登校傾向にあった生徒が分散登校で授業に参加できるようになったというケースもあり，今後はGoogle Classroomの活用によってAさんのようにつながれることが理想だと思われます。知的障害のある子どもたちにとって「学びを止めない」とは，**いつでも学校とのつながりを感じられる**ことであり，**見慣れた先生やいつもの学習場面にアクセスできる**

ことかもしれません。その様子を家庭と学校とで共有していくことが「評価と改善」となり次の学びにつながっていくのではないかと考えています。

(2)「とりあえずできること」から「学習保障」へ

臨時休業中に行われた学習支援で残された課題は，いかにより多くの児童生徒が学校の学習にアクセスできるかということでした。現在は，
①平常時の授業で使用するために全クラス分の Google アカウントを取得
② G Suite（現：Google Workspace）によるオンライン学習サイトの充実
の２点から平常時のオンライン学習を促進するとともに，DVD 等によるオフラインでの学習保障も考慮し，整備を進めています。また，Google Classroom でリアルタイムにつながって対話的に学べること，G Suite の動画教材は自分のペースで学べること，それぞれのメリットをいかした使い分けについても整理し，平常時の学習と家庭学習のつながりをより確かなものにすることを目指しています。

4　今の課題 ――オンライン学習なしの学校には戻れない

(1) 平常時の活用がカギ！　まずは教員から

臨時休業中，学校のオンライン環境は急速に整備されましたが，「環境が整う＝活用できる」とはならず，非常時に新しいことを学ぶのは教員にとっても児童生徒にとっても難しいことを実感しました。その間，教員の校務に Microsoft Teams が導入されましたが，３ヶ月が経過した頃，ようやく校務での活用も定着してきました。毎日使うからこそ，できることとできないことがわかり，ツールとしての活用のコツもつかめるのだと感じています。オンライン授業についても同様で，非常時にも有効活用できるようにするために，対面授業再開後も学習の手段として活用し続けていくということが課題となっています。

（2）実践を共有することで学校全体の力にする

学校再開後，オンラインを活用した授業に一歩踏み出した学年は，別の場面でも活用が広がり，学校と家庭，子ども同士をつなぐ実践のアイディアが充実してきました。一方，校内でそれを共有する機会がないため，一部の学年の取り組みにとどまり，せっかくのよい実践も学校全体に広がっていないのが現状です。学校全体でよい実践やノウハウを共有し合い，教員が児童生徒に適した学び方を提案できるようになることも課題の一つです。感染症のリスクを避けるために「登校しない」選択をする家庭の子どもが，学習をとるか安心をとるかの二者択一にならないよう，学校全体でオンライン学習の推進に取り組む必要があると考えています。

（櫻井　有希）

【注・参考資料】

1　https://www.pen-kanagawa.ed.jp/hodogaya-sh/gakusyuushienn.html

Point

- 学習支援はスピードと量の重視からニーズの見直しによる質の向上へ
- 見慣れた先生，いつもの学習場面へのアクセスで学校とつながる
- オンラインも平常時に活用できてこそ，非常時に活用可能となる

3 ポジティブな行動支援に基づいた親子支援

●どんなときでもポジティブに！

1 「今までにない」ことを行うために

公的な相談機関では，学校の臨時休業が決まる１ヶ月以上前から，相談事業が次第に中止になっていきました。特に，試験運用的に行われているモデルケース事業などでは，早期の中断が余儀なくされていました。私が所属する部署も，幼児の就学移行支援のプログラムが中断されました。その後，政府から「いわゆる」３密を避けるよう指示があり対面による支援を中止せざるを得ない状況になりました。逆に言えば，３密を避けた形であれば相談は可能であることから，ICT 端末を使った「遠隔」の支援が可能であるかということが議題にあがりました。しかし，問題は，「前例にないこと」へのアプローチでした。教育行政の多くでやりとりが行われたであろう「ICT の導入どうしますか」問題は，①すべての人に提供しなくてはいけない「公共機関としての平等性」，②視聴する端末の有無などの「相手側の設備環境」，③ ICT に関するノウハウや何を提供すべきかといった知識などの「提供側のスキル」，④映像 / 音声などをネットにあげる手段の有無などの「提供側の設備環境」，⑤どこの部署が管理し，制作するのかなどの「提供側の組織構造」という問題を背景に，「前例にないこと」として導入を見送った自治体が多かったのではないかと私は推測しています。一般的に，「前例のないこと」問題を解決するには，所属先で「できる」モデルケースとして実施し，得られたデータを基に周囲に広く効果を伝えていくことが重要です。また，先行研究を集め，実際のデザインを作り「リスクがないこと」「期待される効果が，組織の存在目的に沿うこと」に合致するプレゼンを所属先の上司に行う必要があります。①については，すぐに全員に提供することは難しいため，我々が関わっていたケースをモデルケースとして実施することとしました。これに関連して，⑤については我々の部署が管理制作を行いました。②は，スマートフォンでの視聴，DVD での視聴，写真を掲載したプリントの提供の中から，アセスメントを行いスマートフォンによる視聴で提供することにしました。③は，ポジティブ行動支援（PBS），ペアレントトレーニングなどの内容を提供することにしました。④は，施設に十分な設備環境がないため，職員の個人端末を用いて，支援のシミュレーション動画をパスワード付きで Web 上に保管し，直接保護者がアクセスして閲覧する形式にしました。以上の内容でプレゼンを行い実際に支援を提供することになりました。壁になっている状況は，組織によって異なりますので入念なアセスメントを行うことが重要です。

2　ポジティブな行動支援に基づいた親子支援

（1）何のために行ったのか

対象は，小学校１年生の児童とその保護者でした。もともと，３月末までの全５回の就学移行支援として実施予定だったものが，コロナ禍により３回で中断されてしまったため，遠隔での支援を実施することにしました。

また，４月になっても学校が開始されなかったこと，遠隔による支援への保護者の反応がよかったことから，学校が開始される５月末まで実施することになりました。支援の際には，学校に行けておらず，家庭においても外に出ることが制限される状況であったことから，学校にスムーズに適応できるような適応スキルを身につけること，家庭で保護者と取り組むことができるようゲーム形式にし，家庭での余暇を充実させること，子どものポジティブな行動をポジティブな方法で増やしていくことを最大の目的としました。

（2）ポジティブな行動支援を用いた家庭支援

ポジティブな行動支援とは，子どものポジティブな行動をポジティブな方法で伸ばしていこうとするアプローチのことです。学校の長期休業中には，子どもの学習の指導や家庭での過ごし方などでトラブルになる家庭が多いと予想されたため，子どもの「できないこと／やらないこと」に注目するのではなく，子どもが「できていること／できた」ことに注目して，子どものポジティブな側面を伸ばしていくということで，家庭での保護者と子どものトラブルを防ぐためにこの手法を用いることとしました。

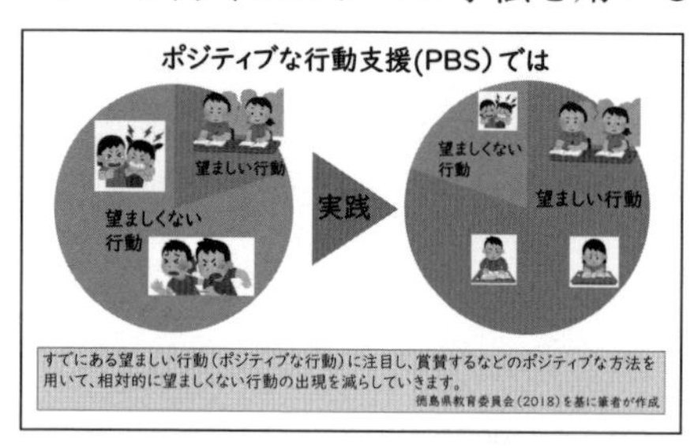

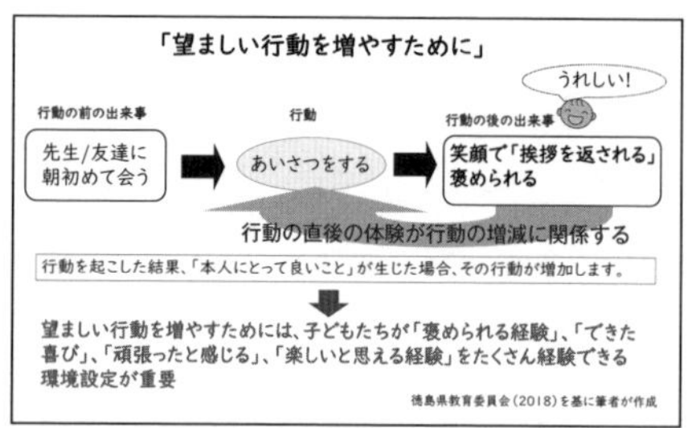

支援では，子どもを上手にほめるための工夫や子どもに身につけてほしい予防的なスキルについて説明の動画とプリントを用意しました。動画では，家庭で実施しやすいように，家庭での特定の場面を想定したシミュレーション指導の様子を撮影したものを掲示しました。動画の構成は，心理教育などの保護者に向けた話は10分程度，シミュレーション指導の様子は３分程度とし，QR コード化したものを説明シートに添付して送付することとしました。また，記録用紙や課題教材に関してもセンターで作成し，印刷したものを合わせて家庭に送付しました。

臨時休業中に実際に提供したスキルは，家庭でトラブルになりそうな行動上の問題を予防するために，「あったかことば」のようなポジティブな発言を増やすことで，暴言の割合を減らすことや「お片付けゲーム」のように身辺自立に関するスキルを身につけることで，片付けをめぐる小言を減らそうなどとする支援に家族全員で取り組めるような，レクリエーション的な要素を組み込みました。

また，家庭と学校をつなげられるような「係活動のスキル」「人との距離の取り方」「援助／教示要請スキル」等々のスキルを家庭ごとにアセスメントを実施しながら提供していきました。FBシートは保護者とお子さんが取り組みやすいように複数のパターンで呈示したり，

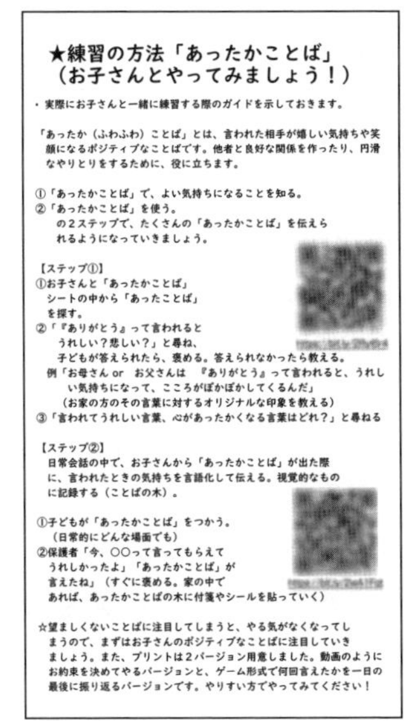

★練習の方法「あったかことば」
（お子さんとやってみましょう！）

・実際にお子さんと一緒に練習する際のガイドを示しておきます。

「あったか（ふわふわ）ことば」とは、言われた相手が嬉しい気持ちや笑顔になるポジティブなことばです。他者と良好な関係を作ったり、円滑なやりとりをするために、役に立ちます。

①「あったかことば」で、よい気持ちになることを知る。
②「あったかことば」を使う。
の２ステップで、たくさんの「あったかことば」を伝えられるようになっていきましょう。

【ステップ①】
①お子さんと「あったかことば」シートの中から「あったことば」を探す。
②「『ありがとう』って言われるとうれしい？悲しい？」と尋ね、
子どもが答えられたら、褒める。答えられなかったら教える。
例「お母さん or　お父さんは　『ありがとう』って言われると、うれしい気持ちになって、こころがぽかぽかしてくるんだ」
（お家の方のその言葉に対するオリジナルな印象を教える）
③「言われてうれしい言葉、心があったかくなる言葉はどれ？」と尋ねる

【ステップ②】
日常会話の中で、お子さんから「あったかことば」が出た際に、言われたときの気持ちを言語化して伝える。視覚的なものに記録する（ことばの木）。

①子どもが「あったかことば」をつかう。
（日常的にどんな場面でも）
②保護者「今、〇〇って言ってもらえてうれしかったよ」「あったかことば」が言えたね」（すぐに褒める。家の中であれば、あったかことばの木に付箋やシールを貼っていく）

☆望ましくないことばに注目してしまうと、やる気がなくなってしまうので、まずはお子さんのポジティブなことばに注目していきましょう。また、プリントは２バージョン用意しました。動画のようにお約束を決めてやるバージョンと、ゲーム形式で何回言えたかを一日の最後に振り返るバージョンです。やりすい方でやってみてください！

図１　手順シート

図２　FBシート

動機づけを高めるために本人の好きなキャラクターを入れるなどの工夫を行いました。休業中の取り組みは，すべてのご家庭から望ましい取り組みであったという感想がありました。特に，記録を通して，子どもとの望ましい関わりがわかったという声が実際に多々ありました。はじめてのことでも，まず「やってみる」。そのうえで，データをもとに改善していくことで，定着するのだと思います。そうした意味では，日常の支援と変わらないことが今回の遠隔支援でも明らかになりました。

（前川　圭一郎）

Point

- 新しいことをする際には，「壁」をアセスメントして，「できることから」行っていく
- 家庭での取り組みでは，ポジティブな行動に注目していく

著作権を考慮して，教材を自作しよう！

――家庭学習用の「九九チャンツ」CD を作成・配布

休業中の家庭学習課題で「九九のうた」を聞かせたい！？

３月の休業をひきずったまま春休みを迎えた2020年度。４月７日の始業式で新担任と出会った子どもたちですが，２日後には再度休業に突入することになりました。新年度の学習を家庭にいながらどのように進めていくのか？新担任による学年団を結成したばかりの教職員は頭を悩ませていました。始業式の日，子どもたちが帰ってから，２年生の先生方は休業中の家庭学習課題について，「九九のうたを CD にして子どもたちに聞いてもらいたい」と話していました。YouTube で無料で聞ける九九のうたを CD にすることを検討していましたが，それでは著作権の侵害になりそうでした。そこで，「自作すれば大丈夫なので，よければ，私がつくりましょうか？」と提案しました。

こうして，休業中に家庭で子どもたちに聴いてもらうための CD の中身を自作することになりました。私はこれまでも自宅の機材を使って，歌を自作したり，運動会や音楽会の曲を編集したりしていたので，今回も自宅の機材を使ってやってみることにしました。しかし，歌をつくるのは時間的に厳しい，と早々にあきらめました。その代わりに，「チャンツなら……？」とひらめきました。チャンツは，小学校の外国語活動でよく使われています。リズムに合わせて単語を言うだけの単純な音楽活動です。例えば，「ドン……タン！……ドン……タン！……」という単純なリズムを CD やパソコン上のデジタル教科書から再生し，そのリズムに合わせて，元気に単語を言う，というものです。チャンツにすれば，歌にしなくても，打楽器のリズムに合わせて九九を言うだけで，十分に楽しくなるのではないか，と考えました。

「九九チャンツ」を自作する

チャンツのキモは，リズムです。流行りの曲のリズムパターンで楽しく九九を言うのにぴったりのものはないか，検討しました。すると，ぴったりのものが，見つかったのです。子どもたちに大人気の曲「パプリカ」（作詞・作曲：米津玄師）です。学校の子どもたちも，自分の子どもも，この曲が大好きでした。子どもたちの興味も惹きそうです。リズムパターンには著作権はありません。そこで，耳になじみのある「パプリカ」の冒頭から流れる打楽器のリズムの基本部分だけを，耳コピで拝借することにしました。文字で書くと「ドンドンタン！　ドドン……タン！」という感じです。曲をご存じの方は脳内で再生してみてください。DAW（デジタル・オーディオ・ワークステーション）と呼ばれる作曲用のソフトは，楽譜のようなものを入力してその通りにいろいろな音色で音を鳴らすことに加えて，音声の録音やミックスができます。

チャンツをつくるのはリズムの打ち込みだけなので，すぐにできました。ただ，３年生以上ならリズムだけでもいいのですが，２年生は九九をまだ習っていません。「聞くだけで九九にあらかじめ親しむ」というコンセプトから，まずは自分が九九の声を仮に録音し，あとで各担任の声の録音をお願いすることにしました。

CDにして各家庭に配布

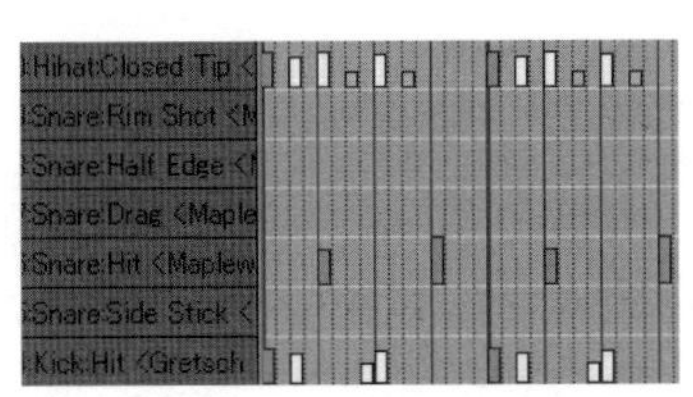

図1　作曲ソフト「ABILITY」上にリズムを打ち込んだもの
（ABILITY©INTERNET Co., Ltd.）

４月10日の金曜日。朝一番に２年生と３年生の先生に，九九チャンツを聞いてもらうべく，呼びかけました。３年生の先生にも声かけをしたのは，九九を既に習い終わっている３年生にも需要があるかもしれないと思ったからです。聞いてもらったところ，好評をいただきました。ただ，担任の声を録音することに対しては，「このままでいい」との意見が多かったので，私の声のままで，２年生の全家庭に CD として配布されることになりました。３年生は YouTube で授業動画を配信するときに，活用されることになりました。

児童全員にいきわたるように大量の CD を作成する作業は２年生の先生にお任せしました。学校の校務用パソコンに入っている Media Player でできたようです。

「九九チャンツ」動画版の作成と，その後の反響

４月10日の帰宅後。「全国的に休業になってしまったから，もしかしたら他の地域でも役立ててもらえるかもしれない」と思い，私個人のアカウントを使用して，自分の子どもたちに絵を描いてもらい，動画版を YouTube で公開しました。CD については，その後２年生の保護者から，「うちの子は休業中に勉強はしなかったけど，あの CD だけはかけて，歌って，おどっていました」「パプリカが始まるかと思ったら九九が始まったので，びっくりしました」などの声をいただきました。子どもたちは休業中に何度もこの CD を聞いていたようです。「これで九九が覚えられた」というような虫のいい話は聞かないのですが，休業中の家庭学習として，プリント学習以外の楽しい活動としてこういったものを取り入れられたのは，よかったのではないか，と思っています。

【動画】「パプリカ」のリズムにのって九九を言おう！（九九チャンツ【こたえつき】） https://www.youtube.com/watch?v=ybbR9hbnRkY	【動画】「パプリカ」のリズムにのって九九を言おう！（九九チャンツ【答えの声なし】） https://www.youtube.com/watch?v=N4gtgS7oHDQ

1年生担任による「ひらがな」学習動画にも，録音を追加

臨時休業が長引くことを受け，勤務校では4月中旬から，YouTubeでの授業動画の配信を各学年単位で行うことになりました。各教員はスマホやタブレット，ビデオカメラなど多彩な手段で動画撮影をしていました。

その中で1年生の学年団は，ひらがなの筆順アニメーション動画に，「1のへやからはじめます。すーっ，とん。くるん，ぴっ」などの声を録音することも，行いました。筆順アニメーションは教材会社が作成したもので，休業中の動画配信での使用について許可を受け，Windows10の標準機能である「画面録画」で動画にしました。九九チャンツの録音に使ったマイクを使って，今度は1年生の担任が，前述のような声をそれぞれのひらがなに応じて録音し，まだ習っていない子どもたちに少しでもわかりやすいものを目指しました。

九九チャンツ作成・導入を通して

進級したての子どもたちに新学年の学習に興味をもってもらいたい，という一心で準備し，喜んでもらうことができました。著作権のことは気にしていましたが，新しいチャレンジを全くせずにプリントだけにしてしまうのは嫌でした。著作権侵害にならない範囲で曲のリズムを拝借しただけでなく，その後のひらがな学習動画ではきちんと著作権者に許可をとって担任の声を重ねることもしています。許可を得ずに使えるものを判断したり，許可をとって使うことを判断したり……。基本的には子どもたちのために「使えるものは使っていく」というスタンスでした。家庭で過ごす子どもたちのことを想像し，何ができるかを真剣に考え，用意しました。自作教材を用意することは普段はなかなかできないのですが，子どもを思って教材を自作する姿勢は，今後も忘れたくないと思っています。

（藤原　友晴）

第2章

学校再開後の学習の様子と指導・支援の実際

1 日常生活の指導
――着替え，給食，掃除，朝の会・帰りの会

●探そう！　今できること，今だからできること

1　3密を避けた教育活動の検討

休業が継続中の2020年４月から，学校再開の日を想定した「３密を避けた指導の実現に向けて」についての検討を開始しました。チーフの先生が中心になって，文科省通知を参考にたたき台を作り，養護教諭や管理職とともに検討を重ね，対応を具体的に書き出しシミュレーションを行いながら６月の学校再開の日を迎えました。保健給食部からは新型コロナウイルス対応を含めた，41ページの「学校安全衛生・保健給食マニュアル」が出され，文科省資料と合わせて，各活動における対応が行われるようになりました。

そのうち，小学部の日常生活の指導については，１学期は以下のように対応することになりました。

①着替え：私服登校（本来は制服）を基本とし，着替え指導は行わない
②給食：配膳は教員が行い，対面での食事は行わない
③掃除：教員が都度掃除と消毒を行い，児童による掃除の時間は設けない
④あつまり（朝の会）：児童同士が近くで活動するものは避ける

できないことだらけです。小学部の児童は特に「個別の指導計画」において日常生活に関する目標が多く含まれているものの，指導機会がなくなってしまうものも多くありました。この点については，本人や保護者に説明をし，現状で取り組める目標から重点的に行うこと，家庭での取り組みが行えるのであれば実施していただくことをお伝えしていきました。とはいえ，「できないからやらない！」と言ってもいられません。できることから少しずつ，

できる限り取り組みました。以下の項では，そのうちのいくつかの場面について雑感も含めてお伝えします。

2　今できる限りの日常生活の指導

(1) 着替え

距離をとった場所の確保が困難であり，支援の際に密になりやすいため，私服登校（本来は制服登校）を基本とし，着替えの指導は行わないこととしました。とはいえ，着替えの指導が大切な段階の児童も多くいます。一律で中止するのではなく，密にならないような工夫として，一人で着替えができる児童については私服登校をお願いし，必要な児童については一人ひとりに応じた対応を行うことにしました。低学年児童については，体操着で登校し私服に着替えて下校することにし，一人ずつ時間を設けることで着替えの機会をとりました。中高学年児童では，着替えが重点目標になっている児童は，その児童のみ私服を一着持参し着替えの機会を設けることにしました。保護者の協力で，ボタンの大きさや数，前後の手がかりなど，児童の目標にあった服を用意していただくことで，それぞれの目標に向かって取り組むことができました。全体的に活動の流れができてきたことで，２学期からは高学年児童から制服登校を再開しました。児童ごとに着替えや個別学習のタイミングをずらしたスケジュールを設定し，距離を保って着替えができるようにしています。

(2) 給食

児童が楽しみにしている給食の時間も大きな変更がありました。高学年では，これまで自分たちで配膳をしていました。トレイをもって，しゃもじでご飯をよそい，おたまで汁物をよそいといった簡単な調理器具の扱いや，盛り付けの段階で自分に合った量の調整や交渉を行うことを，個別目標にあげている児童も多くいましたが，当面は配膳を教員が行うこととなり，その機

静かな給食の様子

会が設けられなくなってしまいました。児童は検温と手洗いをし，自分の食具を机に用意し，盛り付けられていく給食をじっと見守っています。そこですかさず，盛り付け担当の教員に「大盛りにして！」「○○にがてなの！」などと伝えてくれる姿もあり，たくましさを感じています。食事指導については，なかなか行えていない状況です。食具の使い方や姿勢など，言葉がけで伝えなければならない現状です。密接な摂食指導が必要な児童に関しては，教員がマスクとフェイスシールド，手袋を着けて対応します。教員が食べながらの食事指導はできないため，低学年学級では特に，食事指導をしてから給食をかきこむ教員がとても多いのが現状です。対面での食事は行わないことになりました。今まで机を向かい合わせておしゃべりをしながら食べていましたが，前列後列と背を向けて，パーテーションをはさみながら食べています。お話をしたい気持ちを抑えている児童もいますが，一人で自分のペースで食べることに快適さを感じている児童もいるようです。「快適な食事環境は人それぞれ」だということを改めて感じました。食事指導のしやすさなどの教員の都合もありますが，一律で向かい合って食事をするという風習も，見直すよい機会なのかもしれません。

（3）朝のあつまり（朝の会）

①学習の主な様子

小学部の児童にとって，朝のあつまりは生活リズムを整え一日の見通しをもつだけでなく，決まったフォーマットの中での役割活動や友達とのやりとりから社会性を育む大切な機会となっています。出席や歌，日付と予定の確認などの流れの中で，児童が進行を担います。また，友達と一緒に物を運んだり楽器を配ったりといったやりとりをする機会も多く盛り込まれています。

②これまでとの違い・苦慮した点

この期間は，友達と物を運んだり物の受け渡しをしたりといった近くでのやりとりの活動をなくしたり，手話を取り入れた歌を取り上げることで大きな声での歌唱を控えたりと，児童同士の距離や声の大きさについて，気を遣いました。

③工夫している点

6月は偶数・奇数学年の分散登校だったため，二学年の複式学級である小学部は，児童の半分が登校，半分が在宅でした。この間は，時間を遅く長めに設定し，Zoom を介して登校組と在宅組で一緒に活動する機会としました。在宅組の様子は前方モニターに映し出し，登校組の様子は前方カメラ，進行の児童と教員は後方カメラで映します。5月には Zoom でオンラインのあつまりを行っていたこともあり，児童たちは自然にモニターに注目しながら，名前を呼びかけたり声を合わせたりして，一緒に活動することができました。教室は，進行する児童の前に透明のパーテーションを置き，手話を取り入れた歌を取り上げ，飛沫の飛びにくい環境にしました。大きな声での歌唱は，Zoom を通して在宅組から聞こえてきます。また，教員による「お楽しみコーナー」を設け，季節に関する話題や絵本の読み聞かせなどの学習機会を加えました。

Zoom でつなぐ，オンライン・オフラインでのあつまり

④新しい発見

高学年児童は１ヶ月でオンライン・オフライン生活に慣れたようで，「また明日！　Zoom でね！」と帰っていく姿が見られたり，「隔日の登校が体力的にもちょうどいいかもしれない」などの言葉が飛び出したりと，新しい発見もありました。一斉登校が始まった７月からも，感染症への対応等で欠席をやむなくすることになった児童について，Zoom による参加機会を設けて対応することができ，「学校に登校する」という概念について考えさせられた期間でした。

（4）係の仕事

学級において自分が役割をもって活動する「係の仕事」は，児童たちにとって大切な学習です。自分が役割を遂行することで，学級の活動が進んだり望ましい状態になったりすることや，友達や教員から賞賛を受ける経験の繰り返しは，自己理解や自尊感情が高まる機会となります。

これまでの係の仕事は，友達と物を介して関わり合い協力しながら行うものを設定していました。例えば，大きな箱を２人で「せーの」で運び，箱の中の楽器を他の友達に「どうぞ」と配る「がっきがかり」や，お茶の入ったペットボトルを職員室の冷蔵庫からもってきて，みんなに注ぐ「おちゃがかり」などです。けれども，コロナ禍での状況では，そのような一緒に取り組む活動は行えません。

そのため2020年度は，友達との密接なやり取りがある係活動を縮小し，一方で，友達と分担や交代をする協力場面を極力設けました。例えば，Ａさんが健康観察簿を職員室からもってきて，Ｂさんが自席から友達の名前を呼んでチェックをし，保健室にもっていく「けんこうかんさつがかり」や，Ｃさんが今日の予定カードを外して片付け，Ｄさんが翌日の予定を貼る「よていがかり」です。友達の遂行後に自分が活動できる状況が生じることで，友達の遂行を待つだけでなく「〇〇さんお願いね」と声をかけて依頼をする姿や，その友達の働きかけに応じて取り組む姿が出てきます。

係活動は，小学部高学年の児童たちが大好きな活動です。特に，朝のあつまりの司会や授業の号令をかける「日直」は，日替わりで回ってくるため，前日から張り切っている児童も多いです。もちろん，固定の係の仕事についても，それぞれ希望を伝えてもらいながら，役割を設定しました。自分の役割やタイミングをよく理解していて，毎日「行ってきます」と，または黙々と，取り組んでくれています。

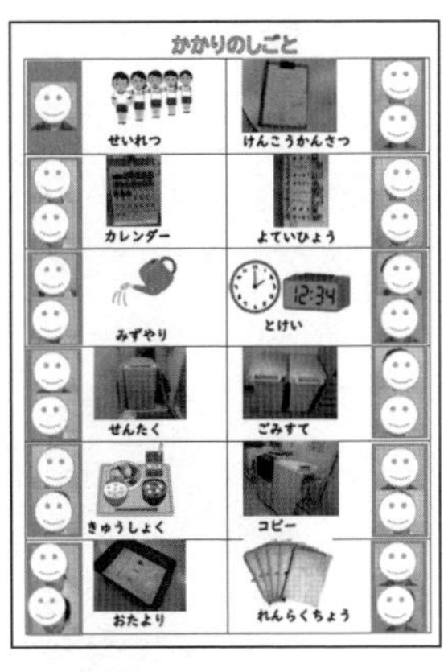

かかりのしごと

（5）その他

①手洗い

手洗いについては，各活動の間に必ず時間を設けて実施しました。昨年２月より「あわあわ手あらいのうた（作曲：川嶋可能，作詞：伊藤みゆき）」を使って繰り返し手洗いを行い，さらに休業期間中も動画教材で繰り返して取り組んでいたこともあり，一人でも手の甲や爪の間まで丁寧に洗える児童が多いです。手洗い練習スタンプ「おててポン」（シャチハタ）を使って，きれいに洗えたか確認する児童もいます。教室内の水道が２口しかないため，間隔をあけた椅子に座って並びながら，一人ずつゆっくり洗います。手を洗った児童からお茶を飲んで休憩しています。実は，最初は一斉に水道に集まってしまっていたため，一人ずつの手洗いの様子をiPod touchで撮影したものをモニターに映し出し，「手洗い発表会」にしていました。今では，空き具合を確認したり教員の呼びかけに応じたりしながら，慌てず手洗いができるようになりました。また，登校や教室移動の際に，備え付けのアルコール消毒をシュッと手に吹きかけ，もみこむことも定着しています。

②歯みがき

歯みがきの細やかな指導は，残念ながらできていません。それでも，これまでの積み重ねや習慣を変えないために，仕上げみがきはできないけれど，自分でできるところまでは取り組んでもらっています。給食を食べ終わると，一人ずつ水道に行き歯みがきをしています。その姿を見ていると，どの児童も歯みがきが上手になっていることから，休業期間中も含めた家庭での経験や支援が生きているのだと感じます。

順番待ちの間の手洗い発表会

3　家庭との連携

あるご家庭からのエピソードで，休業中に「自分のことは自分でやろう月間」を開催したという話がありました。牛乳を自分で入れたり，歯みがき粉を使った歯みがきに自分で最初から最後まで取り組んだりなど，一人で取り組むことも楽しんでできるようになったとのことでした。そのほかの家庭からも，家庭で過ごす時間が増えた分，一つひとつのことを今まで以上に丁寧に見るようになって，できることがたくさんあることがわかったというお話を伺いました。

休業中も学校再開後も困難の多い日常生活の指導ですが，学校ができないできないと言っている間にも，家庭で取り組まれていくことに，ご家族の存在の大きさを感じました。しばらくは「学校で取り組みます」「でも，今はできません」ではなく，家庭で取り組んだことの成果を取り上げて「できるようになったんだ！　すごい！」とみんなで喜び般化を促す機会を，学校において積極的に設けていくことが必要なのかもしれません。また，学校で取り組めない部分に家庭で取り組んでいただけるように，「個別の指導計画」における指導の手立てを具体的に記述したり，保護者との面談で「家庭でできること・やってほしいこと」を丁寧にお伝えしたりすることも，今まで以上に大切にしたいと考えます。

密を避けるために取り組めないことも，家庭との情報交換を「密」にして，みんなで一緒に乗り越えていきたいです。

（高津　梓）

Point

- 「今だけどできること」と「今だからできること」を探そう
- I（いつも）C（ちょっとだけでも）T（とりいれよう）
- 家庭の協力なくしてはできない日常生活の指導

1 日常生活の指導
——着替え，給食，掃除，朝の会・帰りの会

●スタンダードが変わる？　日常生活の指導の見直し

2020年６月，学校再開にあたり校内で教員向けガイドが作成されました。「感染症対策」「心と体のケア」「学習のケア」の３つの柱にもとづいて，学校再開後の各指導場面の感染症対策や消毒マニュアル，児童生徒の健康管理，授業のガイドラインなど，具体的な方針が掲載されたものです。日常生活の指導についてもこのガイドラインにもとづき，できなくなったことや工夫しながら指導を継続することなどを確認していくことになりました。

1　給食指導，これまでとの違いと工夫

（1）準備・片付けは教員がやることに

子どもにとって給食場面はモチベーションも高く，手伝いや役割への意識が生まれやすい場でしたが，これまで子どもが係の仕事として取り組んできた配膳や片付け，食缶運びなども感染症対策のため教員の仕事となりました。テーブル拭きも含めた掃除全般も子どもは行わないことになっています。手伝いを通して生まれた「ありがとう」のコミュニケーションや，食事中の「おいしいね」「どれがいちばん好き？」などの，教員と顔を見合わせながらのやりとりも今は控えめになってしまい，少し寂しい給食指導となっています。

一方，給食指導中に教員が行う作業量は増えました。特に小学部は残飯が多く，小分け用食器や介助皿など食器の数も多いため，指導の傍らに細やかな感染症対策を行いながら担任だけで片付けるのは負担が大きく難しい状況でした。そこで，①年休・出張者の補填，②低学年優先，③学年の実態に応じて，の優先順に応援教員を配置することになりました。現在は専任，専門

職，総括教諭から毎日５～６名ずつ小学部のサポートに入ってもらい，学校全体で協力してこの状況を乗り切っています。

（2）食事中の工夫

現在は安全に配慮した最低限の食事指導が優先されています。適量ずつ口に運べるよう小皿に小分けすることで，自分で食べられる子どもに対しては見守りが中心になっています。小学部は食堂の大テーブルで食事をするため，対面を避けるように対角線上に席を配置するようになりました。また，教室で食事する学年は席を一方向に向けることになっていますが，介助の位置取りや子どもの注意転導に対する配慮で一方向を向くのが難しい場合は教室の正面，左右の壁と３方向を向いた配置にしているところもありました（図１）。メニューも工夫され，子どもも食べやすく，配膳も比較的簡単な丼ものなどが中心になっています。学年が上がると盛りきりにすることも多いですが，おかわり分をあらかじめ小皿に用意しておき，希望に応じて使用済み食器を介在せずにおかわりを提供できるよう工夫しているクラスもありました。

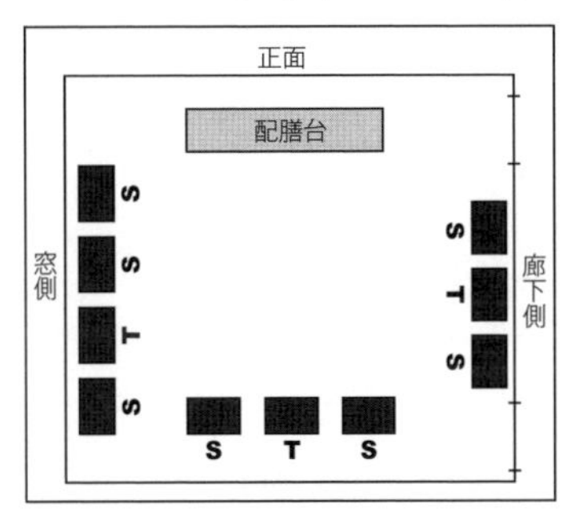

図１　配置図

学校再開時には当面実施しないことになっていた歯みがき指導も，日本学校歯科医会による「学校での歯みがき実施のためのチェックリスト（現場用）」[1]に基づいた感染予防の環境設定を条件に再開可能となりました。教員が介助する際には背後からの介助，あるいはフェイスシールドの着用によって飛沫対策を行うこともルールとして確認されました。学校一律の再開ではなく，子どもの発達段階やスキルの獲得状況等から感染リスクを検討し，歯みがきに代わって，食後にお茶を飲むことを習慣づける指導なども行われています。

2　マスク着用の指導について

感染拡大のリスクを軽減するものとして，外出時のマスク着用は感染症対策として社会のスタンダードとなりました。学校でも児童生徒に対して可能な範囲でマスクを着用することが呼びかけられました。

小学部にはマスクの感触の苦手さ息苦しさなどに加え，マスクの用途や目的理解の難しさなどもあり，着用が難しい子どもが多くいます。以前より調理活動など子どもたちの大好きな活動を利用して，少しずつマスクを着用する場面を設けていましたが，感染防止の観点から当面の間調理活動は実施しないことになり，それが難しくなりました。

そこで小学部には家庭から練習用のマスクを毎日もたせてもらい，朝の会の中でマスク着用の練習を取り入れる学級もありました。「さあ，マスクの練習をするよ。せーの，いーち，にーい，さーん，しーい……」と10数える間だけマスクをつける約束です。苦手な子どもも多く，「じゅう！」の途端，大慌てでマスクを外す子，「３」の声を聞く前にマスクを噛んでしまう子もいますが，終了後全員に「頑張ったね」の拍手をすると，子どもたちも少し得意げな表情をしています。このような学習場面を通して，受け入れられそうなマスクの素材や形状があれば，家庭とも様子を共有するようにしています。

2020年６月，校内で担任を対象に子どものマスク着用実態調査が行われました（図２）。その結果，小学部，中学部，高等部と年齢が上がるにつれて「（マスクの着用が）できない」の割合が減少するのに対し，「できる」の割合は増加していました。また，「10分程度なら」の回答が小学部から中学部にかけて増加し，高等部で減少しています。この調査では年齢が上がるにつれてマスクを着用できる時間が増えていくとも読み取れます。

マスクの指導を考えるとき，慣れや努力によらずマスクができない子どもがいるということへの理解と配慮は欠かせません。一律に指導するのではなく，マスクの着用が一人ひとりにとって生活上のどのようなメリット・デメリットとなるのか検討しながら指導を見直していくことも重要だと感じています。その上で，マスクが苦手な要因に寄り添い，個々に合ったマスクやそれに代わるものを探しながら，小ステップで指導計画を立てられるのは学校だからこそできることなのかもしれません。

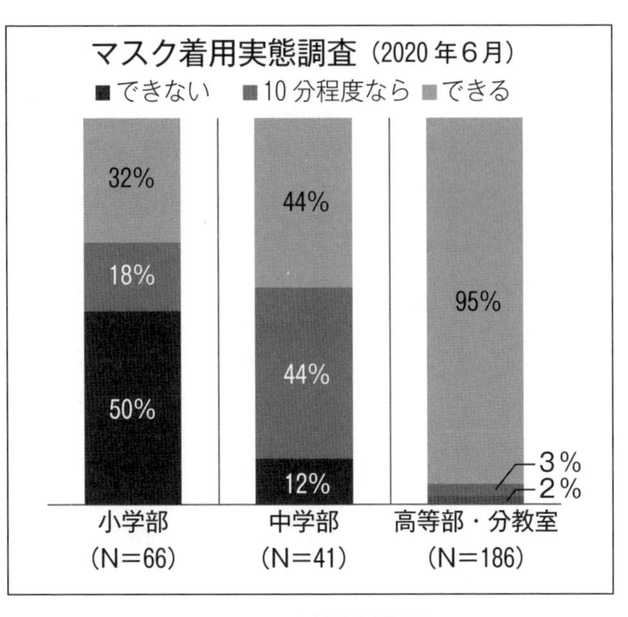

図2　マスク着用実態調査

3 人権に配慮した教育活動・支援

「学校再開に向けた教員向けガイド」の全てのバージョンの１ページ目には，「人権に配慮した教育活動・支援」について喚起する内容が示されました。

体力の低下や慣れない生活様式による疲れ・ストレスなど，子どもたちの心と体の現状の理解とその対応について，また，指導場面での発言が不適切でないか，誤解を招かないかを振り返るよう，具体的な発言例があげられました。

①差別的な発言や，差別を助長するような発言をしない
②無理はさせず，穏やかに過ごせることを目指す
③変化を新しいルーティンとして受け入れやすくなる工夫をする
④子どもたちをからかったり，怖がらせたりする指導は絶対にしない

〈注意すべき教員の発言例〉
・「お子さんが感染していると困るので，登校は自粛してください」
・「そんなにダラダラして，新型コロナに感染しているんじゃないの？」
・「太ったなぁ。家でゴロゴロしていたんだろう」

「無理はさせず，穏やかに」という言葉は教員にとっても，子どものペースに寄り添い，ゆったりと学習を再開してもいいのだという安心感につながりました。教員自身も疲れやストレスをためやすい状況にあり，気持ちのゆとりのなさが配慮に欠けた指導につながりがちです。具体例の提示によって注意を喚起すること，子どもにも教員にも無理のない教育活動を呼びかけることの両方が，コロナ禍を乗り切るための「みんなを大事にする学校」に必要なのだと感じました。

4 新しい生活様式を意識した日常生活の指導について

教員向けガイドは，バージョンアップごとに「非常時」としてのより厳密な感染症対策から，「新しい生活様式」を踏まえた持続可能な感染症対策へとシフトしています。2020年８月のバージョンでは，「感染防止の３つの基本」のための学習内容と学部間の学びの連続性が提案されました。

提案された学習内容は，新しい生活様式を日常生活に定着させていくという観点から改めて捉え直しが行われたものです。今後，実態に応じた学習内容を設定したり，必要な支援を理解したりする目安にもなりそうです。

	身体的距離の確保	マスクの着用	手洗い
小学部	●手がかりの活用 ・フープの中で待てる ・足型に立って待てる	●短時間の着用 ・10数える間 ・給食準備の間	●支援を受けて洗う ・教員と一緒に ・教員を模倣して
中学部	●学習場面での実践 ・傘をさして集団歩行 ・体操の隊形 ・列の進行に合わせる	●特定場面での着用 ・スクールバス乗車中 ●正しい着け方・外し方	●正しい洗い方がわかる ・石鹸を適切に使う ・手順表に沿って洗う ・水量の調整ができる
高等部	●学校外での実践 ・レジ待ちの並び方 ・交通機関内での距離の取り方	●着用場面の判断 ・交通機関利用時／会話時 ・マスクを外す判断（熱中症の危険等）	●手洗いの確立・習慣 ・手首，指先，指の間まで丁寧な手洗い ・清潔なハンカチを持つ習慣

表 「感染防止の３つの基本」のための学習内容と学びの連続性（一部抜粋し改編）

子どもにとってはコロナ禍の年も大切な学校生活の１年です。今できることを逃さないように指導内容を精選していくことも必要と考えています。

（櫻井　有希）

【注・参考資料】

1 https://www.nichigakushi.or.jp/pdf/checklist.pdf

Point

●給食は応援体制を組みながら，安全第一で進める

●マスクの着用も少しずつ，長期的な取り組みで効果がありそう

●新しい生活様式の視点から学習内容を捉え直す

2 生活単元学習

●ちょっとした工夫が功を奏した生活単元学習

春は企画が盛りだくさん

本校の中学部の生活単元学習は，季節に基づいた単元，発表会や泊行事のような行事単元で1年間の学習計画を立てています。4月の題材は「新しい生活」です。新しい仲間や教室の確認，学級目標づくり，1年間の学習予定表づくりなどを行います。同時に，新1年生を歓迎するための「お店を開こう」の準備が始まります。1学年3店舗程度のお店（例：魚釣り屋，喫茶など）を2・3年生が企画して，新1年生に自由にお店を回って楽しんでもらい，中学部の学習の雰囲気を感じてもらったり，2・3年生が中学部で学んでいることを伝えたりする企画です。

その後は，陸上記録会に向けての学習が始まり，学級旗づくりや応援グッズづくりなど，仲間と一緒に活動することで学級の一員としての意識を高めていきます。例年通り，2020年度もこのような学習計画が立てられる予定でしたが，コロナ禍で変更がありました。

（1）学習の主な様子

4月当初の取り組みはいつも通りの学習が計画され，学級づくり，仲間づくりから始まりました。自己紹介カードを作成して友達の前で発表したり，今年1年間の行事の確認や学級目標の製作などに取り組みました。1年間の始まりは，学級単位でじっくりと学習を進めるのが定番です。

2020年度は新型コロナウイルスについての学習もしました。ウイルスがどんなところに存在するのか，どうしてマスクをしなければいけないのか，感染しないためにはどうしたらよいのかを学び，上手な手洗いの方法などを実践しながら理解を深めました。そして，新１年生に向けた学習や行事の紹介ポスターづくり，自己紹介・学級紹介動画の作成をしました。

（2）これまでの学習との違い

2020年度は本校の学校再開ガイドラインをもとに学習計画を立てていきました。ガイドラインには，４学部全ての児童生徒の学習活動や日常生活を網羅するように様々な事項に基本的なルールが盛り込まれています。生活単元学習におけるルールは，

「学習集団の基本は学級とする」

「調理学習は当面の間，中止する」

と，示されました。あわせて，教室内に入れるおおよその人数制限を設け，生徒や教員が密集しないための目安が提示されました。感染予防の観点からみんなが楽しみにしていた生活単元学習での調理学習は中止になってしまいました。

例年は，学年レクリエーションがあり，学級ごとに自己紹介をしたり，ゲームやダンスをして学級の士気を高めたり，他学級と交流をして楽しみますが，学習集団の基本は学級とするため，今年はそれがかないませんでした。また，冒頭に述べた大きなイベントである新１年生歓迎のための「お店を開こう」が2020年度はすべて中止になってしまいました。

学校再開を控えていた時期に各担任や学年から出てきた意見は，「学級ごとの交流がしたい」「１年生を歓迎する気持ちを大切にしたい」でした。その思いを踏まえ，様々な制限がある中でどのように交流や１年生への歓迎を形にしていくのかの協議が始まりました。そこから生まれたものが各学級で自己紹介・学級紹介動画を作成し，視聴し合うというものでした。オンライン等を用いてリアルタイムでの交流ができればよかったのかもしれませんが，本校の設備ではすぐに取り組める状況ではありませんでした。さらに，１年生に向けて中学部で学ぶ新しい学習や行事を紹介するポスターを制作しまし

た。直接的に歓迎の意を伝えることは難しい状況でしたが，今までにない間接的な形をみんなで必死に考え，学年や学級間の交流の場を設けました。

（3）苦慮している点

動画であっても，きちんと3密を避けた状態であることが大前提です。本校の生徒はマスクをすることが難しい生徒もたくさんおり，相手との物理的な距離を意識して行動することが難しい生徒も多く在籍しています。また，生徒数の多さもあり人との距離を2mとることは教室環境の問題からなかなか厳しく，1mちょっとをなんとか保っています。3密を避けながらとなると学級集団の紹介というよりも，一人ひとりの自己紹介動画にならざるを得ませんでした。

仲間同士の関わりも大切な学習の一つです。人との関わりの基礎を育成するには，ある程度自分と近い位置に相手がいることで，相手の存在を意識することから始まります。相手との距離が広がると，相手に意識を向けることが難しくなる生徒もいます。特に人との関わりを重視した学習（話し合い活動など）は，距離間の問題，人と接触する活動を制限され，新しい方法での人との関わりの学習を考えなければならなくなりました。

（4）工夫している点

授業中は，全員正面を向くように机を配置して，なおかつ1m以上距離を空けて学習しています。そのため，友達の活動の様子を見て学ぶ機会や，自分が教えたり，友達から教えてもらったりする機会が減ってしまいました。そこで，タブレット端末とTVをつないで，生徒の手元を写すことで，学習活動の様子を，生徒がお互いに見られるようにしました。TVの画面上だと手元がより大きく見えてわかりやすく，生徒たちも今まで以上にTV画面を見るようになりました。画面を見て製作のアイディアを真似たり，友達の活動の様子に「〇〇（名前）の描いた丸は（手本より）大きいよね」などとコメントをしたりする生徒もいました。予想に反して，映像で活動の様子を見せることが，学習効果を高めたようです。

感染防止のための距離を保つ他に，学習の終わりには必ず手を洗うようにしました。鉛筆の書字の支援，はさみ操作の支援など，指導や支援上どうしても身体的な支援が必要になることがあり，絵の具を共有するなど同じものを複数の生徒が使用する学習もあるため，手洗いは欠かせません。一日に手を洗う回数がぐんと増え，手洗いの習慣がついた生徒や手洗いの仕方が上達した生徒がいました。

また，学習が終わったら，使用した教材・道具を教師がアルコール消毒してから片づけます。その様子を見ていた生徒が，アルコール消毒の必要性を知り，学習の終わりに率先してアルコール消毒の手伝いをしてくれるようになりました。

今までの学習からすると，感染防止の視点に沿った新しい学校生活は，できなくなったことが多いように思いますが，今回のように生徒の活動を TV 画面上で見せたことから得られた学習効果は，新たな指導方法の発見でもありました。以前は，完成したものを生徒同士が交流することが多くありましたが，今後は，活動している途中経過の様子を見てアドバイスをしたり，アイディアを参考にする活動を取り入れて，友達が活動する様子を見てよりよい方法を考えたり，発想の広がりにつながる指導をしていきたいと思っています。感染防止の視点に立った授業はまだまだ模索中ですが，前向きに検討していく視点が大切だと感じています。

（牧野　宝子）

Point

- ●人との関わりの基礎学習は，今後も課題
- ●積極的な ICT 機器の活用
- ●ネガティブな考えではなく，ポジティブに考える発想の転換

生活単元学習

● Zoomで小中交流会

今できる形を模索

感染症予防の観点から，2020年現在の学校生活には様々な制約がありました。子どもの健康を守るため，安心して学校生活を送るために必要だと理解はしているものの，今まで子どもたちが楽しみにしていた活動がなくなり，楽しみながら学べる機会が減ってしまうのは問題だと考えました。そこで，様々な制約がある中でもできることをしたいと考え，Zoomを使った小中交流会を行いました。

（1）小中交流会とは

本校では学期に１回ずつ，中学校区にある小学校２校の特別支援学級と小中交流会を行っています。交流会では，各校がクイズやダンス，楽器や歌などを発表し合ったり，中学生がみんなで楽しめる玉入れや輪投げ，ボウリングを企画したりと，小学生と中学生が一緒に楽しんでいます。小学生にとっては，自分の知っている先輩が司会や盛り上げ役をしているのを見て，「中学生はすごいな」「あんな中学生になりたい」というあこがれの気持ちをもてる機会であり，中学生にとっては，小学生に楽しんでもらうために自分なりに工夫をする機会，目の前で楽しんでいる小学生の姿や小学校の先生からのお礼や励ましの言葉によって，自分たちの頑張りを認めてもらえる機会です。この交流会を小学生も中学生もとても楽しみにしています。

（2）実施の経緯と以前との違い

2020年６月に学校が再開したものの，手洗いや消毒の徹底，ソーシャルディスタンスを意識した授業，校外学習や調理実習，歌やリコーダーの制限など，学校生活には多くの制約がありました。例年，市内の特別支援学級の生徒たちが集まり，球技大会や運動会，宿泊体験学習などを行うのですが，参加生徒の安全を第一に考える方針で，ほぼ全ての行事が中止になりました。また，校内でも体育大会や修学旅行が延期になり，その他の行事も実施が危ぶまれる中で，どうにか子どもたちが楽しめる活動をしたいと思い，小中交流会の実施を考えました。しかし，感染リスクをできるだけ減らし，安心してみんなが参加できる会にしなければなりません。どうすれば実施できるかをクラスの生徒と相談すると，グラウンドや体育館など広い場所で交流会を行う，Zoom を使って交流会を行うという２つの案が出ました。どちらの方がよいかを小学校の先生と相談した結果，小学生はずっとマスクをしておくことや人との距離を保ち続けることが難しいため，今回は Zoom での小中交流会を試すことにしました。ICT 機器を使用することや，画面越しの交流になることが今までと異なる点でした。

（3）苦慮した点

初めてオンラインで小中交流会を行うため，準備には普段より時間がかかりました。普段は事前に大まかな流れや準備物を確認しておけば，残りは当日に細かな確認（どれくらい中学生のフォローをして欲しいか，各校の生徒の様子で気になることはあるかなど）をすれば，交流会が実施できていました。しかし，今回は事前に３校をオンラインでつないでみる，タブレット端末の画面を大型テレビに映し出し，映像や音声を確認する，生徒たちが１台のカメラに映るか試すなど，試しに３校をつないでみようと始めた割には，打ち合わせに１時間以上時間がかかりました。

また，当日はお互いの声が聞こえているかを確認することや，相手の言ったことを聞き返す場面が多く，意思疎通に時間がかかりました。この点は，機器の操作に慣れること，端末の近くで話すことなどで改善していきたいです。それから，対面で行っていたことをそのままオンラインで行うのは難しいと感じました。中学生がダンスを踊り，それを見て小学生にも一緒に踊ってもらったのですが，１台の端末で撮影をしたので，音声の聞こえにくさや，映像の見にくさが課題となりました。様々な配信機材を揃えるという改善方法もあるとは思いますが，対面のときに行っていた内容にこだわらず，今ある機材でオンラインでも楽しめる活動を考えたいです。

画面越しで交流することでの課題も見つかりました。普段の交流会には参加できていたのに，今回は教室の後ろで姿を隠していた小学生がいました。交流会が始まる前に一瞬カメラの前に姿を現してくれたのですが，その後は教室のカメラに映らないところに隠れていました。一緒の場所で活動をしていれば，中学生が近くに行って声をかけることもできるのですが，今回は活動場所が離れていたため，それができませんでした。オンラインの活動に参加しにくい生徒がいた場合の対応の難しさを感じた場面でした。画面に映る交流会の様子には興味を示していたようなので，今後は参加しにくい生徒がいた場合，音声のみの参加，チャット，言いたいことがあれば紙に書いてカメラに映すなどの方法を提案していきたいです。

画面越しでは相手の反応がわかりにくいというのも課題でした。普段であれば目の前に小学生がいるので，中学生は小学生が楽しんでくれていることを実感でき，安心して会の進行ができます。しかし，画面越しでは相手の声や表情がわかりづらく，小学生が楽しんでいるのかが判断しづらかったです。中学生は，小学生に楽しんでもらうというのを目標にしているので，自分たちの頑張りに対してフィードバックが得られにくいのは残念でした。表情をアップで写したり，感情をジェスチャーで表現したり，お互いの気持ちが視覚的にわかるような工夫が必要だと感じました。

（4）工夫した点と今後に向けて

司会進行をする際には，小学生が聞き取りやすいよう，普段よりもゆっくりはっきり話すことにしました。また，○×ゲームでは，問題文を画用紙に貼って提示する，正解発表は声とジェスチャーの両方で行うなどの工夫を考えました。

当日は，それぞれの生徒が小学生に楽しんでもらうために，話し方や画用紙の出し方，ジェスチャーの仕方を工夫でき，小学生も○×のジェスチャーを使って自分の考えを表現してくれたため，小学生も中学生も楽しむことができたと思います。交流会全体を通して，上手く行かなかった部分もありましたが，中学生はいつも以上に相手に伝えようという気持ちをもって小学生と関わることができ，オンラインで実施した交流会は，いい学びの場になりました。一方で，今回の経験を通して，一つの場所に集まって一緒に活動することのよさを改めて感じました。場の雰囲気を共有できること，相手の動きや表情の変化から相手の気持ちを感じ取れること，体を動かしながらコミュニケーションを取れることなどは，オフラインの強みです。今回はコロナ禍をきっかけにオンラインという選択肢を増やすことができたので，今後はオンラインとオフラインのそれぞれの強みや課題を認識した上で，目的や状況に応じた使い分けをしていきたいと思います。

（大石　梨菜）

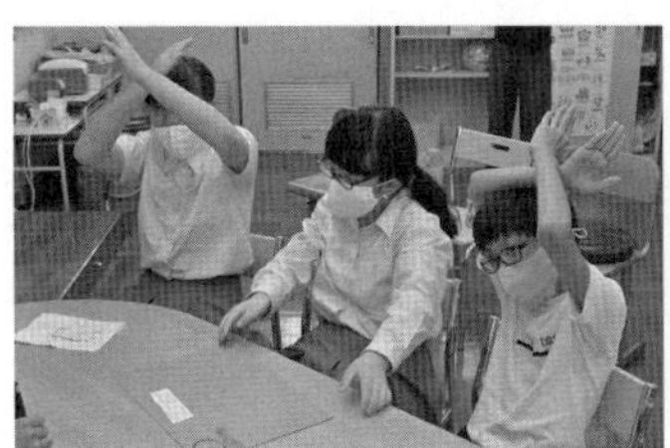

交流会の様子

Point

- まずはやってみる
- 相手に伝わりやすい工夫
- 目的や場面に応じたオンラインとオフラインの使い分け

3 作業学習

●とにかく場所がない

紙すき作業の学習

本校中学部の作業学習は，５つの作業種で構成されています。PTA や地域の地区センター，コンビニに協力してもらい回収してきたペットボトルの洗浄や空き缶の洗浄と空き缶つぶしをするリサイクル班，冬の凍結した道路の滑り止めとして使用する砂をペットボトルに詰めるコロバーズ班，PC で文字を入力し文書を作成したり，廃棄文書をシュレッダーしたりする事務作業班，牛乳パックを原材料としたはがきやコースターをつくる紙すき班，布巾や小物づくりをする縫工班の５つです。近くのコンビニや高校に出向いて，空き缶を回収したり，コロバーズ班の製品は，地域の土木センターから依頼を受け，区役所に納品して区民のみなさんに活用していただいたり，紙すき班のはがきは，学校から近くの郵便局やコンビニに置いてもらい，お客さんに自由に使用してもらうなど，地域とのつながりを大切にした作業を行っています。本項では，私が担当する紙すき班について紹介します。

（1）学習の主な様子

紙すき班の作業内容は，牛乳パックを切る，ラミネートフィルムをはがす，パルプ紙を細かく切る「素材づくり」と，パルプ紙を計量する，紙すきをする，裁断をする「製品づくり」の２つに大きく分かれます。

紙すきは，道具を多く使用する作業です。本校の作業棟に紙すき班専用の教室があり，一斉に作業に取り組みます。年度初めは，素材づくりを中心とした活動をします。素材づくりの活動を一通り体験した後，生徒の実態に応じてグルーピングをし，より丁寧に具体的な素材づくりの基礎を学んでいきます。作業中はそれぞれのグループに教師がついて指導していきます。はじめの作業を覚える段階が重要なので，ラミネートフィルムをはがすコツや，はがし残しがないように確認をしたり，パルプ紙をちぎったり，はさみで切ったりする大きさを毎回確認し，正確性を高めていきます。2020年６月の学校再開から２ヶ月ほどの短い１学期で，生徒たちは素材づくりの基礎をおおよそ習得し，ある程度自分たちで学習活動を進められるまでになりました。そしていよいよ２学期からは製品づくりに取り組みます。

（2）これまでの学習との違い

本校の中学部は縦割り２学年合同で作業学習を実施しています。通常，１つの作業種あたり，10～15名の生徒で活動しています。

コロナ禍により，生徒と教師の密集を回避するために，各教室に入ることができる人数の目安が本校の感染防止ガイドラインに示されました。本ガイドラインに基づくと，どの作業種も，今までのように１つの教室に集まって活動することはできません。これまでの10～15人のグループをさらに２グループに分ける必要があるため，作業場所の確保をしなければなりません。ここ数年の児童生徒増により狭隘化が進み，空き教室がない状態が続いているため，場所の確保は困難でしたが，作業学習の時間帯に使用していない教室を使用することで小集団で作業をすることになりました。

（3）苦慮している点

作業場所の確保はなんとかできました。紙すき班はもともと作業をする教室が学校の外にある作業棟です。そこは人数制限があり１グループしか活動ができないので，もう一方は校内の教室で行うことになりました。その結果，教師が互いの作業の様子を見ることもできず，生徒同士が交流することもできません。それぞれが独立した紙すき班となってしまいました。

また，作業をする場所の確保はできましたが，道具等の保管場所の確保ができません。特に紙すきは，道具が多いうえにパルプ紙や製作した紙を乾かす場所が必要になります。教室内に道具の保管場所をなんとか確保して置いています。生徒の指導の妨げになる場合もあるので，目に触れる場所に道具を置くことはできませんが，目隠しのできる場所は限られているので，最低限の道具だけをなんとか保管しています。

２学期から製品づくりに進みます。紙すきをするための道具一式がさらに増え，紙を乾かす場所もさらにまた必要になります。ラミネートフィルムをはがしたパルプ紙の乾燥は，調理室の一角を借用しました。１学期の調理学習は中止となっていたので，その間，場所を借りることにしました。２学期に向け，新たな道具の保管場所，乾燥させる場所を検討しました。

生徒の学習内容についても影響がありました。作業棟は紙すき専用の教室なので，使用する道具は全て所定の場所に配置されています。特に紙すきは，ミキサーやすき場の道具が常に配置されているので，すぐに作業に取り掛かることができます。しかし，校内の教室は机を並べたり，道具を一から準備したりするところから学習が始まります。紙すき班が２グループに分かれたことで，校内の紙すき班と作業棟の紙すき班では，道具の準備の点で学習内容に相違が生じることが予想されました。作業棟班も教室班と同じように準備から始めることも検討しましたが，作業棟班は，学校の外にある作業棟へ移動する時間が必要になるので，作業時間を確保するためには，準備から始めることが難しいのが現状です。作業場所が分かれることで，どんな道具が必要で，どこに配置したらよいのかなど，当初予定していなかった準備の仕方を学習した生徒と，そのような学習の機会が得られなかった生徒で学習内容の相違がありました。

（4）工夫している点

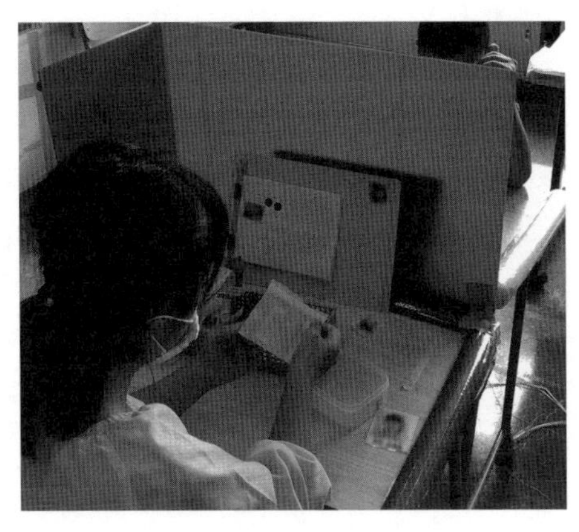
パーテーションを付けた座席

教師は，一人当たり２～４名の生徒を担当してます。特に年度初めは，一つひとつの工程や作業内容をきめ細やかに指導をするため，教師の目の届く範囲で生徒が作業できるようにしておく必要があります。その上でさらに感染防止対策をしなければならないため，生徒の座席を向かい合わせにし，その間に壁を立てて生徒同士が近い距離でも安全に作業ができるようにしました。狭い教室にパーテーションを立てることも考えましたが，パーテーションの足回り（キャスターなど）が場所を取ってしまったり，生徒の歩行の妨げになってしまうことが予想されました。そのため，プラスチック板を机に取り付けるようにしました。生徒の中には，気になっていじってしまう子や，嫌がって外してしまう子もいましたが，今では自分から設置の準備をしてくれる生徒もいて，新しい環境に慣れた様子が見られます。

２学期からは紙すきの作業です。活動場所の確保，道具を置く場所の確保に加えて，今度は教室内における紙すき用の活動場所を広く取る必要があるため，教室内の配置を改めて考えます。（牧野　宝子）

Point

- ●小集団にグルーピング
- ●活動場所，道具を保管する場所，紙を乾燥させる場所の確保
- ●教室内の活動空間の見直し

3 作業学習

●新しい生活様式を考慮した作業学習の工夫

1　勤務校の作業学習について

本校は知的障害の養護学校高等部（高等養護学校）で寄宿舎が併設されています。約130名の生徒が将来の職業自立に向けて学び寄宿舎で生活しています。園芸科，農業科，窯業科，木工科，主にコンクリートブロックを製造する工業科，簡単な清掃作業やお菓子作りなどを中核に，地域で窓清掃などに取り組む家庭総合科の職業学科です。６科では，卒業後の就労に必要である基本的な作業技術やコミュニケーション力，意欲や態度を学んでいます。

2　コロナ禍の作業学習

（1）作業学習の主な様子

作業学習は，週に約10コマ設定されています。あいさつをして，打ち合わせや作業心得，仕事中の言葉遣いの唱和などをして，作業を開始します。作業終了後は，後片付けや終わりの打ち合わせ，作業日誌の記入などをします。１年生は，最長で３コマですが，３年生になると週１日は１校時から６校時まで作業学習があります。また，現場実習前の行事として，１日中作業学習をする日を何日間か設定する「１日作業」があります。１年生と２年生は，週に２コマ，自分の学科以外に「選択作業」の学習もあります。仕事の経験の幅を広げる機会です。

(2) これまでの学習の違い

木工科や家庭総合科は木塵やほこりが舞う中での作業のため，マスクを着けて作業をしていましたがコロナ禍の今は6科全てでマスクを原則着用しています。また，作業学習終了後に室内や作業道具の消毒にアルコールスプレーやペーパータオル，ビニール手袋を備えるようになりました。生徒はソーシャルディスタンスを踏まえ，間隔をあけて作業をしています。多くの作業道具を置く木工科や窯業科は，対面で十分な距離があるため，大きな変化はありません。外での作業が多い園芸科や農業科は，畑作業により3密を避けることができています。2学年合同で作業を行っていた科は学年毎に別の部屋やエリアで行うようになりました。また，大声を出さないように，作業心得を唱和していた科では，唱和を取りやめる科も出てきました。お互いの十分な距離がとれ，かつ激しい動きや重労働な学科は健康面を考慮し，マスクを一時的に外して作業学習をする科もありました。

(3) 苦慮している点――家庭総合科では

6科共通で苦慮しているのはマスク着用です。夏場は特に，息苦しい中で作業をしなければならないのです。コロナ禍前よりも，給水の機会を多く設定したり，保健室から塩分タブレットを支給したりしました。今夏は，エアコンは設置されていませんが，全クラスに音声操作もできる扇風機が設置されました。また，北海道の厳しい冬を迎え，換気をどうするかに苦慮しました。休み時間ごとに窓を開け身体が凍える外気で換気をしています。常に動いている科はまだいいですが，厳寒期は重ね着などをして凌ぐこともありました。さらに保護者や外部の方に作業で栽培や製作をした製品を購入してもらう機会が減ってしまい，受注製品以外は，教職員への販売が主になっています。「製品を販売する」という働く上でのコミュニケーションや臨機応変に対応することを学ぶ機会が減少するのは悩ましいところです。手探りで，対処療法的なコロナ対策ですが，一年を通して行うと，無理なく継続して取り組む対策が見えてくると考えます。家庭総合科は，6科の中でコロナ禍の影響を最も受けた科です。校内や校外の施設で実際に使用されている場所を清掃するため，対策をとっていても感染のリスクがあります。また，調理実習には様々な制限があり，今後の感染状況によってはできなくなる可能性があります。６科の中で唯一，焼き菓子を製作し販売していたので作業種が減少してしまう可能性があります。

（4）工夫している点――めりはりを大切に

①担任する家庭総合科40回生

2020年４月に入学してきた家庭総合科40回生は４名の生徒で構成されていました。なんとか入学式を終え，様々な制約がある中での学校生活が始まりました。臨時休業でお花見が４名でできなかったので，休業中に咲いていた桜を写真に撮り，大きく引き伸ばしたものの前で『時期外れのお花見レク』を授業再開後の６月に行いました。ルールは厳守しながらも可能な限り，楽しく，笑い合う学級開きを心がけました。

②作業学習に厳しさ，悔しさ，喜び，達成感を！

作業学習では，普段の学校生活と違う『働くスイッチ』を入れるイメージを大切にしています。少人数であるため，他の学年，学科より間隔を大きくとり整列をし，作業学習で必要な言葉遣いの唱和は継続して行っています。清掃作業など実際に働く経験を積みつつも，目標をじっくり考えたり，作業について日誌に記入したりする座学もあります。１年生のため，まずは使用する道具の名前や使い方，雑巾のたたみ方などを学んだり，実際に取り組んだりしながら，校内の窓清掃に従事しています。取り組み方を覚えると，仲間と相談し，役割を分担したり，決められたノルマ達成に向けて協力したりして清掃作業をしています。１学期の終わりには『スキルチェック』と称して，自身で窓を一通り清掃し終える時間を計時しながら，事前に確認したスキルポイントを達成できているか確認しながらの清掃作業をしました。２学期には，制限が緩和され，11月の保護者向け即売会に向け，焼き菓子を製作したり，学校の外窓や別棟の実習棟の窓を清掃したりしました。

寄宿舎生活でも，食事や入浴を時間差で行ったり，居室間の移動や外出などが制限されたりしています。新入生歓迎会や，運動が得意な生徒にとっては達成感を味わえる機会である陸上記録会が中止になり，みんなが楽しみにしている学校祭は縮小，延期，分散になりました。約１ヶ月半の臨時休業を乗り越えた後の制限だらけの日々に味気なさ，つまらなさを感じたり，ストレスを溜めたり，モチベーションを維持できない生徒もいると考えます。今まで以上に，本来，部活動や学校行事で得られた「感情を揺さぶられる経験」「苦難を乗り越え達成できる経験」「うまくいかなくても努力を繰り返してできるようになる実感」などを作業学習で得ている現状があります。２学期には，校内の窓清掃作業から学校の外窓や実習棟の窓清掃作業へと作業範囲が広がりました。また，秋頃，北海道の警戒レベルが３に引き上げられましたが，11月の保護者向け即売会を行うために販売用の焼き菓子を製作しました。即売会当日，生徒たちは，お客様に日頃の作業学習について説明し，エプロンと三角巾に加え，フェイスシールドやゴム手袋を着けて，保護者に焼き菓子を販売することができました。コロナ禍は今しばらく，収束が見えない状況が続くと考えます。現状，制約がありながらもできている作業学習を大切にして生徒の社会自立に向けた素地つくりをしています。

（西川　満）

Point

- コロナ対策は一過性ではなく継続性を！
- 日々の作業学習で感情を揺さぶる！（適度な緊張感，うまくできた高揚感，うまくいかない悔しさと分析，課題を終えての達成感）

各教科の学習での工夫

●新しい生活様式を考慮した国語授業の工夫

1　勤務校の国語について

本校では，数年前にカリキュラムを見直し，生活単元学習を，理科や社会，情報や職業，外国語など複数の教科に再編しました。また，2019年頃からは，学年ごとに年間カリキュラム表を作成し，授業を進めています。例えば，国語と職業でコラボレーションして丁寧な字で現場実習の履歴書を書くなどの学習を展開しております。私が担当する１学年の国語は，

①社会生活に必要な国語の知識や技能を身につける。【知識及び技能】

②筋道を立てて考える力や豊かに感じたり想像したりする力を養う。【思考力，判断力，表現力等】

③言葉がもつよさを認識するとともに，思いや考えを伝え合おうとする態度を養う。【学びに向かう力，人間性等】

を目標に，週に２コマ，家庭総合科１年４名を担当しています。

2　コロナ禍の国語授業

（1）例年の国語授業の様子

国語の教科用図書を使用していますが，校内で作成している年間指導計画に準じたプリントやワークシート，パワーポイントのスライドなども用い，授業をしています。導入は，漢字の学習などを毎回10分程度，その後メインの学習に入ります。生徒の実態を踏まえて，ワークシートに必要な部分を書き込めるようにしています。

(2) これまでの学習との違い

2019年（令和元年）度末の臨時休業が明けて，４月の国語の授業から，コロナ禍に対応した授業への配慮を講じました。座席は十分距離をとり，生徒同士が対面にならないように配慮しました。１年生のため，まずオリエンテーションを行いましたが，教師からの一斉指導を中心とし，生徒が発言する機会を極力少なくしました。教師と生徒，生徒同士の言葉によるやりとりを減らした状況の中，さらさらと問題を解き，筆を走らせる音のみが響く４月でした。

(3) 苦慮している点

生徒の発言がほとんどない国語でも，社会生活に必要な国語の知識や技能を学ぶこと，筋道を立てて考えたり，想像したりすることはできると考えます。一方で，思いや考えを伝え合うことについては苦慮しました。マスクをしているとはいえ，発言は極力少なくする必要があるためです。また，臨時休業中の学びの保障も苦慮した点の一つです。勤務校ではオンライン授業などができず，宿題のプリントを持ち帰ってもらったり，プリントを郵送したりする対応をとりました。臨時休業直前の限られた準備時間の中，まずは，社会生活に必要な国語の知識を学んでほしいという思いから，学校生活に必要な基本的な漢字を学ぶプリントを作成し郵送しました。例えば，学校名や自分の学科名（家庭総合科，工業科など），学校生活の決まりの一部などを漢字で書くといったような内容です。

また，入学したばかりの生徒たちの見る力，書く力を見極めるため，教科用図書の中から，興味関心のある１冊を選び，ノートを手渡し，持ち帰ってもらい，好きなページをそっくり書き写す，図やグラフもできるなら書き写すという課題を渡しました。この課題は生徒の実態を知る参考となりました。

(4) 工夫している点

言葉がもつよさを認識するとともに，思いや考えを伝え合おうとする態度を養うことを従来から重視していた私は，他校種の先生の実践を参考にしながら，年間指導計画に沿って，工夫を積み上げてきました。

①ミニホワイトボートを活用した「絵スチャーゲーム」(2020年６月)

言葉を発さなくてもよいような授業を展開できるように，そして，楽しく学べるように，６科全てに共通する教材として，「絵スチャーゲーム」の教材が配られました。解答者とヒントを出す者が向かい合い，解答者の後ろで答えになるイラストを，ヒントを出す者に見せてヒントを聞きながら解答していくものです。しかし，これでは，マスクをしているとはいえ，対面して会話をすることになってしまいます。会話をしなくてもヒントを解答者に伝える手立てが必要だと考えました。そこで，小学校の先生のSNSへの投稿を思い出し，アクリル板にマーカーでヒントや答えを書くようにすれば，会話せずに伝え合うことができると思い至りました。アクリル板をつくる手間をなくすため，百均ショップでミニホワイトボードのマーカー付きを人数分購入し使用しました。結果は，完全に発言をなくすことはできませんでしたが，発言を減らし，ヒントや答えを伝え合うことができました。ゲーム感覚で生徒たちにも好評で，授業以外に学級レクでも使用しました。

②ミニホワイトボードを活用した『学び合い』(2020年７月)

授業の導入に行う漢字の学習においては，これまで時間を決めて生徒が問題を解き，解答を板書し丸つけは生徒がしていました。一方通行にならないよう，コロナ禍前から西川純先生の『学び合い』を参考に生徒同士で協力し，教え合いながら漢字のプリントに取り組むようにしていました。しかし，どうしても近くに行き会話するということで感染のリスクが心配されます。

そこで，①で使用したミニホワイトボードを活用し，会話の代わりにホワイトボードを使用し，質問したいこと，自分の考えた答えを書き，見せ合うことにしました。ソーシャルディスタンスを確保した上で，４名が内側に向き合うように座席を配置し，お互いのホワイトボードを見合えるようにして行いました。『学び合い』も初めてなら，漢字の勉強にホワイトボードを使用するのも初めてであったため，生徒たちは，最初はおどおどしていましたが，『学び合い』の利点を説明し，教師も共に入るうちに慣れてきました。お互いにわかる漢字をある程度書いたところから，わからない漢字をお互いにミニホワイトボードで書きながら教え合います。４名で考えてもわからない漢字のみ，辞書の使用を許可しました。慣れてきたら教師は極力，見守ります。ある生徒はわからないときには質問を書き，他の生徒で何名かが答えを書いて見せます。しかし，見せた答えが違うとその生徒同士で怪訝そうに顔を見合い，辞書などで調べ始めます。もともと話すことや質問をすることが苦手な生徒はやりとりがスムーズになりました。会話の少ない静けさの中，思いのやりとりは深まったと考えます。

③音読が許可されるように（2020年８月）

市内の感染者は１名のみという状況でした。夏頃からソーシャルディスタンスが守られた状況の中であれば，短い会話や音読が許可されました。授業の導入で，漢字の学習以外に音読を入れてみました。声に出して読んでほしい口上や歌詞を教師の後に続いて音読してもらっています。「寿限無」のような定番や，昭和を代表する大スターの最後の曲の歌詞，８月には「生ましめんかな」を音読してもらいました。マスクをしながらなので息苦しさはありますが，声に出して読みました。臨時休業があったので，年間指導計画の全ての題材はできませんが，今後も新型コロナ対策をとりながら，社会生活に必要な国語の知識や技能について，できてわかって，その力を使える（活用できる）ような授業を展開していきます。（西川　満）

【注・参考資料】

・西川純『みんなで取り組む『学び合い』入門（THE 教師力ハンドブック）』明治図書

Point

- 新型コロナウイルス対策をしながら，見る力，書く力，思いを伝え合う力を高める
- 学校生活や社会生活に必要な国語の力を高める

各教科の学習での工夫

●距離をとって，一緒に学べますか？

1　近づけない，やりとりできない，「協同的な学び」のピンチ

2020年，分散登校の６月，一斉登校の７月，オンラインから距離は縮まったものの，密になりすぎない新しい授業づくりに悩みました。これまでの小学部では，社会性を育む授業づくりを大切にし，児童同士が役割を通じてやりとりをする機会や，具体物を介して一緒に活動に向かう「協同的な学習」を多く取り入れてきました。それがこのコロナ禍の中では，触れ合えない，向かい合えない，集まれない，教材を共有できない，大きな声を出せないと，これまでの集団での学習活動ができません。とはいえ，やはり集団での授業は，友達と活動する姿を見合うことや，自分や友達の取り組む課題に一緒に触れることができるなど，個別指導にはないよさがあります。マスクを着け，距離をとりながら，どんな学びができるのか，手探りの１学期となりました。

以下，特別支援学校小学部高学年学級（５，６年複式，知的障害の程度は中度と重度。ASD が５人，ダウン症候群が３人）の活動の一部をご紹介します。

2　各教科の実際と現状の工夫

（1）体育

①学習の主な様子とこれまでの学習との違い

体育では，基本運動，協調運動，応用運動などの運動を幅広く取り扱い，基本的な運動からゲーム性のある運動まで幅広い活動を行います。

以前は体育館などに学部全員で集まり，整列と目標の確認と準備運動をし，ランニングやサーキット運動，デカパン競争などに取り組んでいました。現在は密や大人数との接触を避けるため，学部で集まらず，学級での取り組みとなりました。気温を窺いながら広い場所で行い，激しい運動のときはマスクを外して，友達との距離は1.5～２m。各児童の位置は，枠に矢印のついたケンステップや教具を使って示しながら行っています。

②苦慮している点

ランニングやサーキット運動は，児童同士の距離にとても気を遣います。順番に行うことになると，一人ひとりの活動時間が短くなり，待ち時間も増えます。大きなパンツを２人の児童が履いて走るデカパン競争などは，密になるのでできません。

③工夫している点

高等部の先生がつくった簡単な動きのエアロビクスを動画にし，分散登校中に学校と家庭で一緒にできる運動として取り組みました。５分のものが３曲あり，全てやると15分です。90年代のポップな音楽に合わせて楽しく体を動かせ，また，家庭では家族で一緒に取り組んでいただけたようで，リクエストも多く汗びっしょりになって取り組んでいます。毎日の動画の活用で一躍アイドル的存在になった作者の先生が，時々飛び入りで顔を出してくれるので，児童たちは大盛り上がりです。いつか高等部の先輩たちと一緒に取り組みたいと考えています。

また，友達と手をつないでペースを合わせて走ることを目標としたデカパン競争の代わりに，２mのコーンバーの両端にミニコーンをつけたものをそれぞれペアの友達ともち，相手のペースに合わせて協力して走る「ソーシャルディスタンスゲーム」に取り組みました。バーがあるため友達との距離は縮まりませんが，走るペースが合わないとコーンからバーが抜けてしまいます。相手をよく見て，「せーの」と声を合わせてコーンをもち上げたり，走る速さを合わせたり，ターンするところで外回りになる友達をゆっくり待ったりと，相手を意識しながら自分の動きを調節する様子が，少しずつ見られるようになりました。

その他，休業期間中にオンラインで行った踏み台昇降運動をしたり，片足立ちやラダーなどを使ったジャンプなどの基本運動に取り組んだりしました。そして，２学期からはキャッチボールを行いました。直前・直後に手を消毒して，離れたところにいる教員とボールのやりとりをします。友達同士で「いくよ！」とボールを投げ合えるようになる日が，とても楽しみです。

ソーシャルディスタンスゲーム

踏み台昇降運動

（2）音楽

①学習の主な様子とこれまでの学習との違い

音楽は表現と鑑賞の柱に基づいて活動を展開します。音を聴き合わせること，簡単な合奏をすること，人前で演奏することなどを大事にしながら，友達と一緒に楽しんで行う音楽活動の経験を大切にしています。

以前は席を後ろに下げて教室内を広く使い，みんなで声を合わせて歌ったり，手をつないでダンスをしたり，一緒に合奏をしていました。一方この期間は，基本的に自分の席に座り，順番に前に出て活動したり，パーテーション越しに活動する友達の様子を見たりすることが多くなりました。

②苦慮している点

大きな声は出せず，狭い教室の中では児童同士が距離を保ちながら自由に活動することが叶わないため，どうしても動きの少ない音楽活動になってしまいます。これまでのように，口や舌の動きや表情の変化を見せ合いながらの歌唱，近くに集まったり手をつないだりして行うダンスや手遊び，向かい合って一緒に一つの楽器を鳴らす活動，みんなで集まっての合奏などのような，友達同士で一緒に取り組める活動を考えるのが難しいです。

③工夫している点

歌唱では，大きな声を出さないように簡単な手話を伴うものを取り入れています。また，動きのある活動では，児童同士が接触しないよう，間に透明パーテーションを挟んで活動をしています。例えば，「かもつれっしゃ」（作詞：山川啓介，作曲：若松正司）の曲に合わせて，それぞれ机の周りをぐるぐる回り，パーテーションをはさんで「ガッシャン♪」と机を合わせてじゃんけんをする音楽遊びを行いました。本来は列車に見立てて，勝った児童を先頭にしてつながっていくのが面白いところですが，今回は前に貼ってある列車のイラストに写真を貼っていきます。最後に「〇番目は〇〇さん」と，客観的に順番を確認することにより，楽しく順番の学習ができました。

また，器楽では自分や友達の音を聞いたりするために，トーンチャイムなどを使って音のキャッチボールをしています。ポーンという音が自分に届いてくるところで，相手に音を打ち返します。最初は音を鳴らし続けていた児童も，次第に友達を見て，相手の音に耳を傾けて待つようになりました。2学期からは合奏に取り組みました。ピアニカやリコーダーなどの楽器は使えませんが，ピアノやベル，打楽器などを，曲に合わせて一人ずつ弾いたり，距離をとって少人数で合わせたりしています。大人数でやる合奏はまだ難しいですが，一人ずつ撮ったものを合わせた演奏動画をつくって見るなどの多様な形で，友達と一緒に奏でる音楽を楽しんでいます。

音のキャッチボール

(3) ことば・かず

①学習の主な様子とこれまでの学習との違い

「ことば・かず」では,「もの」と「もの」との関係の概念の理解や,日常生活で使う言葉や簡単な文の読み書き,数の概念や量の概念などの学習をしています。講義型の授業のみで学習することが難しい知的障害児にとっては,実際に体験することや,体験をその場で言語化していくことが大切になります。その他の教科と同様,これまでは教室内を大きく使いみんなで動きながら学習していましたが,コロナ禍の現在は自席に座って,友達の様子を見ながら順番に取り組むことが多くなっています。

②苦慮している点

児童同士が距離をおくことや教材の共有を避けることから,友達と向かい合って同じ教材を操作したり,教材を介してやりとりをしたりすることができません。一斉に活動できないことから,一人ひとりの活動量を増やす工夫や前で活動する友達に注目し学びが得られるような工夫が課題となります。

③工夫している点

算数の内容を主に据えた活動では,これまでも行っていた,児童同士のペアやチームを設定したゲーム的な活動を基盤とした授業をしています。簡単なルールの中で偶然性のある勝敗が生じるゲーム的な活動は,児童にとって見通しがもちやすく,参加する意欲を高め,友達の活動に期待をもって注目できることから,友達との協同的な学びの機会となると考えます。一斉に活動する人数は少なくなりますが,間にパーテーションを入れ,教材を離して置くことで,児童の動線が交わらないよう工夫しています。また,児童が触れる教材は都度消毒します。

「たまいれゲーム」では,自分と友達の入れたボールの数を合わせて,数えたり立式して計算したりすることで,10までの数,20までの数,足し算を,それぞれの目標に合わせて学びました。ボールを一つひとつ確認しながら一斉に数えたり,それぞれの目標に沿った役割(数を具体物で表す,合わせて数える,足し算をする)で出した得点を持ち寄って答え合わせをしたりしました。また，「かたちあつめゲーム」では，指定された形のパネルを友達と交代で集め，みんなで答え合わせをしながら形の分類や名称の学習をしました。学習の最後はふりかえりの時間を設け，この時間の活動やがんばったこと，今の気持ちを「ことば」にして発表しています。これらの学習により，数や形に関する個々の児童の目標を達成することができました。

たまいれゲーム

かたちあつめゲーム

国語の内容を主とした活動では，絵本から始まる「物語」の学習に取り組みました。文を読める児童から文字を読むことについて学習中の児童がいる中で，物語の雰囲気を感じたり，場面や行動の様子を想像したりすることをねらうために，実際に絵本の流れを演じる機会を設けました。例年，文化祭に向けて小学部全体で劇を行っていますが，人との距離の近さや大きな声が伴う活動のため，今年はそれが行えません。その代わりに，学級で場面を切り取って，絵本を手がかりに表現をする即興劇を行いました。

机を挟んで距離をとった１人または２人の児童が，自分で選んだ絵本の場面や役を表現します。それを Zoom で都度背景を変えながら録画し，最後に視聴してふりかえりをするという学習機会を設定しました。最初は絵本の文字を読んだり，教員の言葉を模倣していた児童たちですが，自分たちの映った動画を観た後は，自発的に動いたり表現を工夫したりする姿が見られました。以前から活動中の動画を使ったふりかえりは行っていましたが，Zoomを使って背景演出をしたものをすぐに視聴できたことで，児童の想像をより深め，表現の幅を広げることができたのではないかと考えます。授業後には全員が，物語の流れを正しく答えることができるようになりました。今後，Zoomのそもそもの使い方として，リアルタイムでのオンライン発表もできそうです。

ももたろうを演じてみよう

（※背景は絵本そのものを使用することも考えられますが，今回は保護者への公開も考え，著作権にかからない無料素材を使用しています）

3 これからの授業づくり

授業づくりでは，学習指導要領に基づき各児童の各教科の目標段階を評価し，さらに個別の指導計画の目標と併せて，一斉授業の中で個々に合わせた学習機会が生じるように学習内容を構成します。また，目的を共有して友達と関わりながら集団で活動することで，学習したことを用いて身近な人とやりとりする力や，日常生活の中で発揮する態度や意欲を育むことをねらっています。しかしながら，前述のような状況から，個々の児童の学びを補うために個別学習の時間も長めに設けています。授業時数と指導機会が減り，友達との密な関わりができない中で，「児童が自ら参加できる」「友達と学び合える」新しい授業づくりを考え続ける１年になりそうです。１学期，まずは全く新しいことからではなく，これまでやってきたものをもとに，教材の配置と動線を変えることから始めればよいと思うようになりました。以前から教室前方のモニターを使用し，スライドで活動の流れを都度示していましたが，この方法も細かな指示を減らし距離を保つためのよい要素になることに気づきました。そうやって色々と工夫をしても，どうしてもできないところは代わりの活動を考えます。あとはきっと，「楽しいね」「わかった！　できたよ！」「ここわからない，わかりにくいよ」などと，児童たちが言葉や態度や表情で教えてくれるので，その都度「そうかなるほど！」と改善していくつもりです。

（髙津　梓）

【付記】
本稿では，共同の実践の中で田中翔大教諭が主として実施した体育・国語と，宇佐美太郎教諭のエアロビクスを紹介させていただきました。

Point

- 教材教具の配置で密を避ける
- ハイタッチはできなくても，友達と一緒にできる活動を
- ICT もアナログ教材も，ほどよく使う

5 通級による指導

●特別支援教室の個別学習課題からのスタート

1 先の見えない中での学習の始まり

2020年休業期間から，６月の学校再開までの本校の特別支援教室の取り組みについて，お伝えしていきます。

東京都では以前の通級指導学級（情緒障害学級）を平成28年度から特別支援教室という名称に変更し，全校に特別支援教室を配置しました。今までは，保護者等が通級指導学級に対象の児童を送迎していましたが，特別支援教室が全校配置になったことにより，特別支援教室の教員が特別支援教室のある巡回先に巡回指導教員として，各々の決まった曜日や日に，特別支援教室のある学校に巡回しています。本市では，都が掲げている巡回のシステムとは少し違い，全校拠点校化をとっています。本来巡回指導する立場の教員は，全ての学校に配置されており，巡回をすることがありません。特別支援教室の担当教員は，自分が勤務している所属校で特別支援教室を利用している児童だけを担当児童として受け持つことが基本的になっています。この体制には，メリット・デメリットがありますが，今回の長い休業期間中，巡回する必要がないことにより，担当している児童に関わる情報，保護者の想い，通常学級担任との綿密なやり取りができました。

特別支援教室の指導開始時期は６月の学校再開から，１ヶ月遅れてのスタートとなりました。また，管理職と相談し，夏休みまでは個別指導学習のみで進めていくことを取り組みとして決めました。感染防止や長い休業期間中の児童のメンタルヘルスについて，顕在化しているストレスへのケアはもちろん，特に表出されていない部分・本人も気づいていない心の部分を教師が把握し，学校生活や日々の生活を安心して過ごすために，個別学習対応での関わりの時間を十分に取っていく必要があると考えました。また，学期はじめの保護者会は実施せず，保護者面談をしました。

2 個別学習を始める前に設けた行動観察期間

学校再開から１ヶ月，７月までは特別支援教室の教員は，特別支援教室を利用している児童をはじめとして，学校全校の児童の行動観察期間に取り組みました。例年は，児童の学級や集団生活での関わり方・過ごし方，学習への参加の仕方などを観察する期間は１週間ですが，今年は１ヶ月期間があったことにより，特別支援教室の教員間で，行動観察で見えてきた気になる点と，個別指導での関わりで得た情報を通して児童の実態，気になる点を共有し話し合い，通常学級担任にアドバイスや相談をする時間が増えました。気になる部分（ストレスを感じる部分や，学習への遅れなど）について以前より明確に見取ることができ，関わる時間を多くもてたことで，通常学級の担任だけでなく，学年，場合によっては学校単位で共通理解が深められることもありました。普段なら，学校が始まった１週間後に，特別支援教室の学習でも小集団学習，運動，個別指導学習があるのですが，今回は１ヶ月の行動観察期間を設けたことにより，児童の情報共有が多岐にでき，教員間の連携も綿密に取ることができました。

3 学習を始める前に設けた面談期間

例年学期はじめに毎回保護者会を行っていましたが，今年は特別支援教室の教員と管理職で相談し，７月の個別指導学習に先立ち，個人面談を実施しました。個人面談を個別指導学習より少しだけ先に始めることにより，休業期間中の特別支援教室を利用している児童の家庭での過ごし方，様子を前情報として知ることができました。私が予想していたより，ストレスから家庭において落ち着かなくなる子が多いという話は，印象的でした。また逆に，休業期間があったことで集団の中にいる必要がなくなり，困ることもなく幸せに過ごしている子もいました。保護者との面談を通じて，家庭と学校各々の側面でしか気づけなかった子どもの緊張具合や，気持ちの表出の仕方など，共有して初めて気がつける部分がありました。その結果，７月から始まる個別指導学習の計画を，例年より綿密に具体的に計画することができました。

4 ひたすら個別指導学習をすすめた夏休み前

実際に個別指導学習が始まると，やはり個別指導の中では，事前に実際に得た情報が見えない・見えにくいと感じました。特別支援教室に通ってくる子たちはあっけらかんとしていて，教師側が気をつけていないと休業期間以前と変わらないと感じてしまいそうな子が多く見られました。個別指導を参観させてもらった主任の先生の授業で使われていた『とじ込み式自己表現ワークシート』（諸富祥彦監修，大竹直子著，図書文化）の「どんなとき?!」というワークシートを私も活用することにしました。これは「うれしいとき」や「さみしいとき」「イライラするとき」など気持ちに関する12項目を自由記述する内容になっています。

学校再開が二転三転した中で心配だったのは心理面と，学習の遅れでした。実際，面談をした際も家庭内で普段見られなかった暴力的な部分が見られたと保護者から相談されました。学校再開と特別支援教室の学習が始まることで，その様な行動が減少し，見られなくなったケースもありました。個別指導学習では，その子に必要な学習はもちろんですが，まずは学校が長く休みで，子ども自身が感じていながら言語化できなかった「なんだかイライラしていた気持ち」を先述のワークシートを活用して言語化し，また言葉にできない場合でも自分の立ち位置を言える範囲で単語をぽつりぽつりと話し，なんとなくでも俯瞰して見られるような緩やかな学習から始めました。自己分析や，感情を言語化する学習をしてみると，学校が始まったことで自分がいま一番どんな学習がしたいのかが，その子自身で見えてくることが多くなりました。自己理解が苦手，自己と向き合えない子もいたので，その子には少しでも自分がどんな気持ちだったのか聞くとポツリポツリと答えてくれることもあり，それで十分だと感じることもありました。その様な学習をしていくと，大体の子が，学習の遅れを危惧していることにたどり着きました。特別支援教室の個別指導学習は基本的に週に１回ですが，本人や通常学級担任と相談し，ときには必要な課題の学習に取り組むこともありました。基本的に，特別支援教室は教科の補習はしないのですが，低下していた学習への意欲喚起のために必要な部分のみ学習に取り組むこともありました。特別支援教室が，普段より多く取ることのできた行動観察期間から，保護者面談，そして個別指導学習の体制を取ったからこそ，保護者や教師だけでなく，その子自身も自分に必要な課題を見つめることができました。

今後どの様な学習を取り入れていくかということや，コミュニケーションを課題に掲げているこの教室で，新しい生活様式でどの様に学習をすすめていくかは課題だと感じています。

今後は，特別支援教室でも短時間でもオンラインの活用に取り組んでみたいと，今回の学びで感じる部分は大きかったです。オンラインを始めるにはいくつかの条件をクリアしていかなければならない点もあります。子どもと保護者，家庭とつながっておく工夫や，取り組みに挑戦したいと思いました。

（濱口　恵美）

Point

- 行動観察を重ね，実態把握をする
- 保護者を通じて，様々な視点で子どもの情報を共有する
- 対話を通じて，本人の心の声を聴く

5 通級による指導

●限りなく減った通級指導の時数の中で，我々は何ができるのか

1 学習の主な様子とこれまでとの違い

私は2021年現在，東京都のＡ区で巡回指導教員として特別支援教室[1]で通級による指導を行っています。指導の対象は自閉症・学習障害・ADHD・情緒障害等のある児童です。私が勤務するＡ区では各巡回指導教員が複数の学校を担当しており，各担当校には１～３日勤務しています。Ａ区ではどの児童に対しても１週間に１～２回，45分間，児童の実態や指導計画に基づき，個別指導のみ，または個別指導と小集団指導を組み合わせた指導を行っています。2020年，１学期の通級指導は通常学級の一斉登校開始から１週間遅れて６月下旬から始まり，７月中旬に終了しました。各児童の１学期の指導回数は３～４回のみであり，例年の$\frac{1}{2}$以下の指導回数でした。２，３学期の指導は夏季休業の短縮・通常学級の日数増加を受けて，例年よりも１～２回程度増えました。

コロナ禍においても，基本的な指導の目標や内容には変わりはありません。それぞれの児童の実態に合わせ，自立活動の内容として注意や集中の技術を身につけたり，自己理解や他者との関わりの基礎を学習したりしています。コロナ禍による新しい生活様式の中で，身体接触を伴う遊びや運動は行うことができなくなりました。他者と気持ちを合わせたり，親愛の情を交わし合ったりするには，適度に触れ合う遊びや運動が大変効果的だったので，とても残念に感じています。また，マスクの着用により，他者の表情から気持ちを読み取ることがより困難さを増しています。マスクの着用は発話のしにくさ，相手の話の聞き取りにくさも生じさせています。コミュニケーション面

に苦手さのある児童にとっては，コロナ禍以前よりも他者とのやり取りに関する苦労が大きくなっています。そこで，本教室ではマスクを着けた相手とのやり取りに関する学習にも取り組んでいます。

感染予防の取り組みは通級指導の現場でも行っています。教師や友達との距離の確保や，マスクの着用，対面にならない座席配置等により飛沫感染のリスクを低減させています。

2 苦慮している点

最も苦慮した点は指導回数が大変少なくなってしまったことです。上述したように，１学期の指導回数は３～４回でした。２学期以降もいつ学校が休業になるかわかりませんでした。元々，指導回数が年間で40～45時間程度しかない通級指導では，１回の指導回数の減少は重大な問題です。2020年はそれまで以上に，少ない指導回数で最大限の効果を上げられるような手立てが必要になりました。具体的な手立てについて，後で提案していきたいと思います。

3 工夫している点

(1) 学ぶ力をつける自立活動を

コロナ禍の長期休業中においては，児童にとって「自ら学びに向かう力」が大変重要になるとの声が，全国の様々な教育現場で上がっていました。私の勤務校でも，それぞれの児童が自分自身で学習を進める力を高めていけるように，課題設定や支援方法に苦心する教員の姿が多々ありました。コロナ禍において，教師や社会はオンラインや教育技術を駆使して，最大限に児童の学びを保証できるように力を尽くしています。しかしながら，最終的には児童が自分で学びに向かい，自らの学びを調節する力がどうしても必要となってきます。自立活動の指導においても自らの学びを日常生活に生かそうとする意欲・態度を育てていくことは元より重視されていました。それがコロナ禍において，眼前の課題として児童に求められるようになったのです。通級指導の現場でも，早急に必要な力として「自ら学びに向かう力」の向上を図る必要があると考えています。

①自分の特徴理解

様々な学習内容や生活場面について，自分はそのことが得意なのか不得意なのかを，具体的に考えていくことで自己理解を深められるようにしました。認知面・情緒面の自己理解だけではなく，学習内容の理解度や危機場面への対処可能性についても，教師と児童が共に検討し，客観的に自己理解ができるようにしました。

②具体的な生活場面に対する，対処方略の獲得

自分の特徴理解を土台として，日常生活における「困りそうな場面」や「うまくやれそうな場面」について整理する機会を設定しました。例えば，「宿題が多く，絶対にやりきれなさそうなときはどうするか？」のように，児童に応じた場面について，児童が自分で実行可能だと思える方略について検討しました。指導場面で検討した方法については，担任や保護者，特別支援教室専門員[2]と連携し，実際に本人が努力していたり手立てが成功したりしている場面に対して褒め，励ましていきました。児童が「自分の行動を適切にコントロールできた」という成功経験を積むことで，自己効力感が高まり新たな課題への取り組み意欲の向上につながりました。

③学習習慣の形成のために

通級指導を利用する児童の中には，学校外での学習習慣が未定着な子がいます。そのため，担任や保護者と協力し，児童にとって実施可能な個に応じた家庭学習を設定しました。分量や難易度，課題の種類などをそれぞれの児童の実態に応じて設定しましたが，最も重要なのは児童本人の意思でした。児童本人が「もっとこれをできるようになりたい」という思いで，自分で納得して取り組むことが大切でした。自分の意思で課題に毎日取り組み続けることが容易ではない児童もいました。「頑張りたい」という思いがあっても，在籍学級からの宿題との兼ね合いや，学校生活のスケジュール変更や，「面倒だな」という気持ちなどにより，計画通りに学習が進むことは多くはありませんでした。しかし，保護者や教師が励ましながら取り組みを続ける中で，児童が努力の成果を実感できる場面が見られるようになり，児童の自信につながってきています。

(2) 少ない指導回数を徹底的に生かす

2020年はとにかく通級での指導回数が少ない状況でした。２学期以降もどれだけの回数，指導を実施できるかがわからない状況の中，通級指導を受ける児童の成長を最大限保障していくために，以下の２点を提案しました。

①オンラインの活用

2020年，A 区は GIGA スクール構想を受けて，全ての児童に対する PC 配布を進めていました。通級指導教室でのオンライン指導の実施はまだ検討が進んでいない段階ですが，通常学級でオンライン指導が可能になったタイミングで，同様のシステムを通級指導の現場でも取り入れることはできないかを提案していきたいと考えています。リモートによるオンライン双方向授業は通級の指導でも十分に活用できるでしょう。学校と家庭または学校間の通信も可能となることで，休業による指導回数の減少が防げます。また，オンラインによる対面授業は，生身のやり取りに抵抗を感じる児童にとっては，適度なスモールステップとなるでしょう。

小集団学習についても同様に行えます。活動内容は限定的になるでしょうが，オンライン上だからこその活動や使える教材もたくさんありそうです。

もう１点私が注目しているのはクラウド型課題共有システムの活用です。教師と児童が課題データを共有できるようになることで，通級指導日以外のフォローや継続的な認知トレーニングの実施が容易になります。そうすれば限られた通級指導の時間だけでなくよりコンスタントに，より児童の毎日の生活に寄り添いながら学びを支えていくことができると考えています。日々の在籍学級での悩みや頑張ったことについて，その都度フィードバックを与えていけるようになれば，指導効果は確実に向上していくでしょう。

②カリキュラム・マネジメントの視点で行う指導計画

平成29年版指導要領では理念の実現に向けた重要な視点として，カリキュラム・マネジメントの視点が示されています。児童が身につけるべき資質・能力を育成するために，「教科横断的な視点」「教育効果の検証と改善サイクル」「地域との連携」の重要性が挙げられています。

通級指導においても指導回数が一層限られる中で，在籍学級における年間の教育計画との関連を精査し，児童に身につけるべき能力の向上を効果的に行っていく必要があります。コロナ禍においては在籍学級の学習内容の配列も弾力的に行われることとなります。通級での指導を独立した指導とするのではなく，在籍学級での学びと計画的に関連させて，学習内容を設定していくようにします。例えば自立活動におけるコミュニケーション領域に関連する指導と，在籍学級での国語科の話す・聞く学習や生活科，総合的な学習の時間の内容を関連づけます。また人間関係の形成領域に関する指導を道徳科で取り扱った内容と関連づけるなど，特別支援学級や特別支援学校での指導では当然のように行われている，自立活動と他教科との関連を，通級指導でも意図的・計画的に行っていくことが一層重要になっていると考えています。

2020年１学期，実際に在籍学級での年間学習計画から，通級で担当する児童が年間のいつ，どのような力を高めていくのか見通しをはっきりと立てて，通級指導の計画とのつながりを組み立ててみましたが，予想以上に難しい作業でした。通級での自立活動を在籍学級への学びに結びつけるには，まずは私自身が，担当児童の在籍学級の単元同士の関連を正確に理解していくことが必要でした。通級指導学級として，在籍学級の指導計画を把握する機会を年度初めに設定することも有効かもしれません。

最後に振り返ってみると，前述した内容はコロナ禍以前から大切なことでした。しかし，「あれもこれもできる」恵まれた状況の中では気づきにくかったことだったのかもしれません。「できることが限られる」時期だからこそ，本当に必要なことを焦点化できました。これから私が意識して行っていきたいのは，とにかく徹底的な指導内容の精選と焦点化です。その児童に「まず何を身につけさせるのか」「どうやって身につけさせるのか」「そのために授業をどう組み立てるのか」の３点を，在籍学級や家庭生活とつなげながら絞り込んでいこうと考えています。

（小野　拓人）

【注】

1　特別支援教室

東京都では通級による指導の一形態として特別支援教室の制度を導入しています。平成31年度から全ての小学校に特別支援教室が設置され，通級による指導を自分の学校の特別支援教室で受けることができるようになっています（中学校は令和３年度までに全校設置)。特別支援教室の利用対象者は自閉症，情緒障害，学習障害，注意欠陥多動性障害等の障害のある者，制度変更前に，情緒障害等通級指導学級通級の対象となっていた児童です。担当する教員は巡回指導教員と呼ばれ，複数校を担当したり，１つの学校に専任として配置されたりしています。

2　特別支援教室専門員

東京都では全ての特別支援教室に特別支援教室専門員という職を配置しています。特別支援教室専門員は非常員職員として，教職員と巡回指導教員の連絡調整や児童の日常的な様子の観察，巡回指導教員の依頼による教材作成などを行い，巡回指導教員の業務を補助します。

Point

- 個に応じた指導で「自ら学びに向かう力」を
- １回１回の授業の効果を最大化する
- 在籍学級の学習計画との関連づけ

第3章

オンラインを活用した取り組み

オンラインの有効性

●オンライン活用の準備と工夫

1　元気を取り戻したい！

休業中，私が最も心配していたのは子どもたちのメンタル面でした。登校することやこれからの学校生活のことが不安ではないだろうかという心配が頭から離れませんでした。周囲の大人の話もまた，不安の材料になります。

2020年５月，久しぶりに登校する子どもたちはどんな表情を見せるのだろうと不安と期待が入り混じっていました。声を発することへの制約が大きい中，子どもの表情をマスク越しに読み取ることの難しさも予想されました。何よりも「安心」できる毎日を提供することを最優先に考える日々でした。

2　オンライン活用に向けた準備

私が勤める区では，Google Classroom を学校での学習活動に利用することが決まり，2020年４月末に各家庭へのデバイスの有無の聞き取りから始まりました。５月頭に全ての子どもの保護者にアカウントが配布されました。

まず，ログインし，Google Classroom に接続できるかどうかを試してもらいました。操作がわからない場合は，校内のタブレットを用いて教員が個別で対応しました。

４月の休業中，Google Classroom の有効性，指導の際に必要な小道具，音声の細かい調整，補助デバイスの設備，共有画面の負荷を落とすことなどを学んでおいたことが休業後に役に立ちました。

また，4月末から公開された福岡大学附属小学校の授業も参考になりました。

算数の授業，音楽の歌唱指導，特別支援教室の体育活動を参考にすることで，音声のズレを生じさせないための工夫を知ることができました。また，全国の無料オンライン講座は教材研究に役立ちました。多くの先生が試行錯誤する現実や，2020年度から改訂実施された学習指導要領をどう実践すればよいかということも学びました。

保護者からは「先生もご自身の健康管理もあるのに休校中の対応をありがとうございます」とのあたたかい声をもらった一方，つかれている声も聞き，保護者のメンタルケアも同時に考えていかなければならないことに気づかされました。保護者へのサポートの方法として，オンライン面談を行うことを提案し，6月から実施しました。

3　笑顔で元気にオンライン授業の実施

分散登校中，希望者とオンライン授業を行いました。子どもが画面の向こう側でじっとしていることが難しい状況がありましたがオンライン授業に慣れるために，分散登校の時間を使い，オンライン授業につながる取り組みを行いました。

まず，子どもたちが登校した際，近況や自分の思いを話すことをルーティンにしました。思うことを気軽に話していいこと，間違いや失敗という言葉を意識せずトライ&エラーでよいということ，難しいことや嫌なことを我慢せずに拒否してもよいことなどを伝えるよう心がけました。普段から臆さず話す姿勢をもってもらうことで，オンライン授業でもスムーズにやりとりできることを目指したのです。

また，オンラインで聞き取りづらい子どものために，音声を活字で伝えることにも取り組みました。これを行うと画面を読もうとします。読むと声に出し，知ろうとします。子どもの興味を引き出すことで画面越しの対話も可能になりました。

また，オンライン授業時の工夫として，ときにはお面のようなマスクを被り，ある日はパペットを使いながら声を変え，子どもが笑顔になる工夫も取り入れました。学校に行けないことへの不安を解消するとともにその質も保証しなければならないという使命感をもち，登校時もオンライン時も変わらない関係を保つことこそが学校の学びを持続させることを確信しました。

4 タブレット端末の日進月歩に期待！！

様々な事情により在籍学級での授業を受けることができない子どもも，オンラインを活用することで，その授業の学びを確保できる可能性があります。例えば，通級の子どもが別室で指導を受けている際，在籍学級の様子をリアルタイムやアーカイブで見ることができれば学級に戻るときの不安を減らすことができます。また，これまでなら病気で欠席するしかなかった授業をアーカイブで視聴できれば，スムーズに登校を再開できます。

タブレット端末を約50台程度しか保有しない学校もありますが，情報活用能力を身につけるには，子どもが使いたいときに端末がそばにあるのが理想です。

7月に入り，希望者には個別授業をオンライン授業で行いました。子どもたちは対面での授業より疲労している様子でした。端末の操作に慣れておらず，その場で聞き返すことに抵抗があり，教師からも子どもの表情が読み取りづらいという課題も感じられました。教師側に求められる準備として，子どもに動きのある授業を設定する等の工夫が必要だと感じています。「学校」という場では，子どもの笑顔を引き出すことが最も大切であると教えられた1学期でした。

5　未来へ向かって

9月に入り，子どもたち一人ひとりにChromebookが配付されました。文字入力が難しい子どもは音声入力を使用し，タブレット端末を使いこなしています。タブレット端末は，この半年の間でいつも傍にある教具となりました。Chromebookで対話することも可能です。オクリンクを使用すれば，仲間の考えを受け止め思考し，さらに新たな意見の発見となります。

昨年末には，通級児童の日頃の頑張りを動画に収め，その様子を在籍学校の教職員や友達，保護者へ発信しました。動画を見返したり，周りから労ってもらったりすることで，自信にもつながりました。子どもたちが抱える不安を少しでも解消することは児童期にはとても重要です。

今後，新しい生活様式はまだまだ続くことでしょう。子どもの心には不安が尽きません。しかしながら，子どもたちが「笑顔で元気」に過ごすための提案や提供をしていくこと，そのためには子どもの反応を確かめながらアップデートすること，これに尽きることを再確認させられた一年でした。

未来ある子どもたちと「笑顔で元気！」の時間をこれからも過ごしていきたいと思います。

（川﨑　和子）

Point

- 教師も子どもも「笑顔で元気」が大切だ！
- できないことや不安はトライ＆エラーで前に進もう
- 日々，アップデートしよう！

2 メンターとしてのオンラインの活用

● 「とりあえず，やってみよう！」から全ては，はじまる！

1 先の見えない職員室

今まで「当たり前」だったことが，急に当たり前ではなくなり，何を頼っていいのかわからなくなった臨時休業期間。特別支援学校，特に知的障害の方も対象にした本校では，実習科目が多く，学校から離れた場所にいる子どもたちに私たち教員は，何をしてあげられるのか，何をしたらいいのか，誰もがまだわからないまま過ごしていました。マスコミから流れてくる情報は，漠然とした不安だけを残していましたし，何ができるのか前向きな情報は少なかったように思います。出勤はするものの年度末の成績処理や書類整理に追われ，一段落ついたところで，ふと，このままでいいのだろうかという疑問をそれぞれが口にするようになってきました。職員室では，普段より会話する時間があったからでしょうか，電話確認で得られた生徒の情報をよくみんなで話していました。「このままでは，よくないよな」「何かしてあげたいな」誰ともなくそんなことを言いはじめた３月末でした。

2 子どものいない新年度

子どものいない静かな学校は，続いていました。教職員の異動もあり，新しい顔ぶれで迎えた新年度。春休みには，始業式や入学式が従来通り実施できるのかが議論され，感染拡大防止のために各種行事や日々の授業などについてどうするのがベストなのか不安を抱えたまま始業式を迎えました。しかし，すぐに国の緊急事態宣言を受け，再度の臨時休業へ。子どもたちは，とにかく辛そうでした。「何をしていいかわからない」「いつもなら嬉しい休みも，これだけあると，もうありがたくなんかない！」と半ば怒り気味に言っていた子どももいました。

始業式の次の日には，クラスでできることを担任３人で検討しはじめました。それまでの何もできなかった自分たちや具体的な提案ができない学校のままではいけません。「まずは，子どもたちとつながろう！」私たち教員は子どもたちのそばにいるから存在意義があります。子どもたちのいない学校なんて意味はないのです。私たち教員は，授業をする人です。子どもの前には立てませんが，オンラインでできることがあるのではないかと模索しました。教育全体が揺れ動き、具体的なことは何も決められないまま，ただただ「オンライン授業」という言葉が行き交っていました。「もう限界だ！」「具体的な方法が示されないなら，もうやってしまおう！」楽しいことが大好きな私の好奇心に火がつきました。

3　とにかく，はじめちゃおう！

（1）まずは基礎固め

子どもたちとつながるためには，オンライン環境の確保が最優先でした。幸いなことに担任していたのは高等部情報ビジネス科。子どもたちは，ICT機器に抵抗がなく，保護者もアプリのインストールや学校で取り組んだことのない活動に理解がありました。「とにかく，はじめちゃおう！」と担任３人で動き出しました。

まずは，管理職にオンライン学習の計画を説明したうえで，ご家庭の承諾を取ることにしました。試験的な取り組みであること，家庭に通信料を負担していただかなければいけないことも全８家庭が快諾してくれました。特に，「時代の最先端ですね！」と喜んでくれる保護者が多くいました。承諾を得たことを管理職に報告し，いよいよオンライン学習がはじまりました。

（2）いよいよ，動き出す

休業当初，学校の対応は，資料やプリントの郵送による学習指導や家庭訪問による子どもたちの様子の確認が主でした。担任と子どもという関係で，子ども同士のつながりはほとんどありませんでした。休業前の子どもたちの叫びが耳に残っていました。やはり，オンラインにおいても学級のようなつながりが必要です。オンライン学習で双方向の学習は急務でした。

２度目の休業が決まった５日後には，Google ハングアウトと Google Classroom というアプリを介して，子どもたちと毎朝オンラインで朝の SHR をすることを決めました。管理職に活動内容の報告を怠らないことを条件に学校内で教員の個人携帯端末から子どもたちの個人携帯端末につなげることを許可していただきました。

（3）いざ，進め！

３人の担任はそれぞれの携帯端末に学校用の Google アカウントを作成しました。そして，２つのアプリをインストール。まずは，教員同士で試験的に運用してみました。「きっと，こんなトラブルが出てくるね」「こんなマナーがあるといいな」「〇〇さんは，この場面の意味がわからなくて苦戦しそう」など発達障害の人ならではの「困りごと」を先読みして，まずは，事前学習に必要な内容を話し合いました。子どもたちが感じるように学ぶときの「わくわく」を教員自身が感じられて，やはり新しいことを学ぶことは楽しいのだと実感しました。

（4）準備万端

子どもたちのアプリのインストールは，慣れたものであっけなく終了。しかし，アカウントでのログインやアプリの操作は，なかなか難しく，失敗もありましたが，事前学習が功を奏して，失敗も「いい学び」「次への挑戦」と捉えることができたようでした。発達障害の人にとってこれは重要なことなのです。私たち担任は改めて，新しいことを学ぶときの準備を丁寧に伝えることの重要性を再認識しました。

（5）いよいよ実践

初めての，Google ハングアウトを使った朝の SHR へのチェックイン。思わず歓声が上がりました。「つながった！」「おお，すごい！」２度目の臨時休業から数日しか経っていませんが，子どもたちの顔が一気に明るくなりました。一人の生徒は，「みんなの顔が見られてすごくほっとしました」と呟いていました。「そうだ，そうなんだよ。当たり前だったあの日常は，もはや当たり前でなく，クラスメイトが笑っているのも，何でもないくだらないことを話せるのも，当たり前ではないのだ」と急にありがたく感じました。たった10分程度の SHR でしたが，私たち教員にとっても価値のあるはじまりでした。

Google ハングアウトを使った朝の SHR

（6）Google ハングアウトを使った取り組み

毎日の SHR にビデオ通話を使いました。決められた時間にチェックインすると，パジャマのまま参加してしまう人がいたり，画面に映っている自分が意識できず，大あくびをしたりなんてアクシデントもたくさんありましたが，毎日子どもたちの顔を見られるのは，何より教員が一番安心したかもしれません。管理職や隣のクラスの教員も飛び入り参加して，オンラインの有効性が少しずつ波及していった時期でした。

（7）Google Classroom を使った取り組み

テキスト形式や動画形式の課題を出して，提出したり，教員から採点して送り返したりできます。特に大切にしたのは，スケジュール管理でした。

「学校」という軸が子どもたちの生活を支える役割をしていたのは間違いありません。休業期間が長くなり，生活のリズムをつかめない子どもたちが出てきました。学校に行かなければいけないから規則的に生活ができていた人も，学校に行かなくてもよくなると，何を軸にして生活していいかわからなくなったのです。そこで，気づいたのです。学校がなければ，教員がいなければ自律的に動けない子どもを育ててはいけない。自分で自分の時間をコントロールして，学んでいく。そのために私たちに何ができるか，もう一度問い直す時間になりました。

だからこそ，スケジュール管理は教員がするのではなく，あくまでも，子どもたちが自分の時間の使い方を見直したり，自分の行動パターンを見直したりするために活用しました。大切なのは，子どもたち自身が自分の生活をマネジメントすることです。

「先生に怒られるからする」のではなく，このような状況だからこそ自分で自分を律して生活できるコツや工夫を考えられるようにサポートすることを意識しました。だらけたり，失敗したりしたときも一緒に考え，伴走することを心がけ根気強く言葉をかけました。あくまで教員はメンターです。ときには説教したくなる気持ちをぐっと抑えて，「なぜ，そうしてしまったのだろう？」「どうしたら，次はうまくできるだろう？」と問いかけることを大切にしました。将来自分の生活を客観的に見つめ，できないことへのコツや工夫を講じられるようになってほしいという願いを込めてのオンラインでした。

やりとりは，アプリの中に記録されているので，子どもたちも読み返して考えることができます。発達障害のある人たちには，この記録は大切かもしれません。自分の行動を記録することで，さぼってしまうパターンが見えてきて，どのような工夫を講じたら目指す行動ができるのか意識するようになりました。あくまで，行動の主体は子どもたち。私たちの関わりも見直す機会になった休業期間でした。

4　時代は後からついてくる

オンラインでのやりとりが定着してきた５月初旬にようやく，県の教育委員会から Zoom のアカウントが配られました。フォーマルにオンライン授業を行えるようになったため，早速 Zoom の使用に切り替えて，双方向の授業をはじめました。楽しい，楽しい。その様子に賛同する教員が出てきて，自主勉強会や体験会を行い，他のクラスにも波及していきました。

全国一斉臨時休業によって社会全体が混乱しました。でも，だからこそ見えてきたことも少なくありません。子どもたちはいつでも学び手であるし，教員は方法こそ違っても，いつでも彼らのサポーターです。教員も先が見えず不安になり，揺れ動きましたが，オンライン学習を通して子どもたちに関わり，教える喜びを再認識したのも確かです。

どんなことでも，「はじめの一歩」は不安。でも，不安ばかりではじまりません。管理職も味方につけて，まずはやってみる。失敗しても，きっと許してくれる，だって，「はじめの一歩」だから。でも，その一歩はとても尊い。教員が楽しんでできたから，やらされ感ではなく，子どもたちとのつながりの大切さを実感できたから，その１歩が２歩になり，道になってきたのだと思います。先の見えない道は，同僚と一緒だと心強いものです。

さて，つぎの分かれ道はなんでしょう。何が来てもきっと大丈夫。まずは，みんなで，やってみましょう！

（逢坂　直子）

Point

- 教員の入念な準備こそ，子どもの学びを豊かにする
- 新しいものを取り入れるときこそ，仲間と一緒に第１歩
- メンターが入れば，子どもたちは自立する

3 Teams 活用の取り組み

●学ぶ場所は，学校だけじゃない

1 Teams を使えるように設定

2020年３月末に，つくば市で取得している Microsoft アカウントをもとに，本学園では Microsoft アカウントの A1ライセンスを取得しました。通常なら有料ですが，コロナ禍を受けて無料で児童生徒分のライセンスも取得することができたのです。

支援学級では，以前からつくば市のアカウントを使用して，読み書きの困難な子に OneNote というデジタルノートツールを使用してきました。OneNote だけでなく Teams があれば，様々な特性のある支援学級の子どもたちにももっと学習の幅を広げられるのではと考えていたので，アカウントを取得できたことで指導者側の選択肢の幅が増えました。

2 分散登校から通常登校へ

（1）Teams を支援学級の子どもたちが使えるように

Teams を設定できたところまではよかったのですが，諸々の事情もあり，子どもたちが実際に使用できるようになったのは５月に入ってからでした。５月末から市内では分散登校が始まりました。この期間に，支援学級の５～９年生の子たちには，Teams へのログインを自分たちでできるように，支援学級に来た際に一緒に確認しました。家庭ではログインできていた子も，実は保護者にやってもらっていて自分ではパスワードを忘れているということもあったので，これはとても重要な作業でした。分散登校中の健康観察は，

Forms アプリで作成したものを使用しました。

学校に来ない日は，こちらに記入してもらえるように子どもたちにチャネル内（Teams の中の，皆とやりとりができる部屋のような場所）で呼びかけて返事をしてもらいました。

また，「５分でできる自立活動」と称して，Teams 内で自立活動に取り組んでみました。自己理解や他者理解につなげられるように，NHK for School「u&i」の動画を見て，自分と似たタイプかどうかのアンケートに答えてもらいました。障害特性上，自分の意見を言うことが苦手な子たちが多いので，「動画を見て感想を書いてね」ですと，回答のハードルが高くなってしまいます。「５分で終わるよ」「アンケートに答えてね」と簡単な指示にしたところ，気軽に取り組むことができたようです。

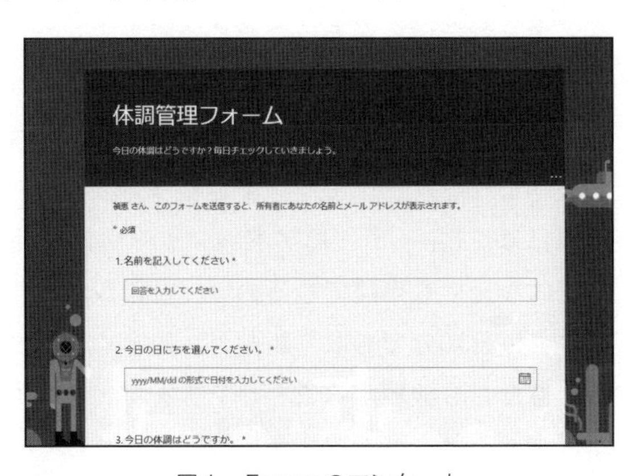

図１　Forms のアンケート

図２　Teams 上の自立活動のやりとり

(2) 支援学級での個別学習で Teams 活用

6月から通常登校に戻りました。本学園は PC の台数や通信環境がまだまだ十分ではなく，常に PC を開いて授業を受けるというのは，現実的ではありません。一方，GIGA スクール構想で，今後は1人1台の PC 使用になったら支援学級の学習でも ICT の使用は必須になるでしょう。遠くない将来を見越し，「今，Teams でつながっていることは，絶対に，この子たちの今後の学びの武器になる」と考え，支援学級での個別の学習中にも Teams を活用するようにしました。支援学級には数台，インターネットにつながったパソコンが常備してあり，一斉でないものの数人ずつであれば使用可能という，恵まれた環境があったためにできました。

6～9年生を中心に，支援学級に来たらすぐに Teams を立ち上げるようにしました。①立ち上げる→②タイピングの練習をする→③計算練習をするというようなルーティーンをつくって取り組む子たちもいます。タイピング学習には，『キーボー島アドベンチャー』を使っています。こちらは学校単位ではなくても申請できるので，ここ数年はずっと支援学級で申し込んでいます。毎日10分でも取り組むと，めきめきとタイピングが上達していくので，子どもたちも継続することができます。子どもたちの進捗状況は，教師側で閲覧することも可能ですが，毎回一人ひとり確認するのも大変なので，子どもたちには10分タイピング練習に取り組んだら，クリアできてもできなくても，取り組んだ内容のスクリーンショットを撮って Teams に貼り付けて見られるようにしています（図3）。

図3　Teams にアップされたスクリーンショット

タイピングや計算だけでなく，取り組んだワークのページを写真に撮ってアップしたり，OneNote のページのスクリーンショットをアップしたりと，文字情報だけで報告するのではなく，視覚的にもやったことが共有できるように練習を重ねました。また，Word や PowerPoint 等で学習したものはファイルで共有するということを子どもたち自身が一人でできるようにもしてきました。

（3）不登校傾向の子は，家庭からの Teams 活用

支援学級に来ている子どもたちには，通常学級では発言することが苦手であったり，言いたいことをうまく言えずにため込んでしまったりする子がいます。反面，タイピングした文字でのやりとりの方が得意な子たちもいます。不登校傾向のある子に対しては，以前から，家庭からでも OneNote を使ってやりとりできるようにしてきましたが，今年度は Teams を使ったやりとりを中心に変えてみました。

いきなり学習の話をするのではなく，子どもと他愛もないやりとりをまずは繰り返しました。子どもがコメントを返してくれたときには，いいねボタンを押したり，返事を書いたり，こまめにやりとりをするようにしました。すると，場面緘黙があって支援学級でもあまり声を聞かせてくれない子が，こちらからのコメントにはすぐに返事を返してくれたり，ギフテッド傾向で当該学年の学習がつまらない子が家で実験した様子を写真でアップしてくれたりと，学校（支援学級）では見られなかったその子の様子が見られるようになりました。

障害特性上，集団生活でストレスをためて休んでしまう子がいます。2019年度までは欠席したら家での様子が全く見えなかったのですが，Teams があることでつながっていられるようになりました。欠席するときには，「今日は休みますが，午前中やったことを Teams にアップします！」というように宣言して休むようになりました。また，休む際に今までだときちんと理

由を説明できずに「なんとなく行きたくない」で済ませてしまっていたのですが，Teamsに書き込むことで，短いながらも自分の感情を言語化することができるようにもなってきました（図4）。夏休みになっても，家庭で取り組んだ様子をTeamsで報告してくれる子もいました。このやりとりに慣れていけば，この先また休業などがあっても，この子たちはやりとりができると実感がもてました。

不登校傾向のある子たちとのTeamsでのやりとりは，私だけでなく，他の支援学級の先生方も同じように取り組んでくれました。数人の先生方が，最初は私と子どもたちのやりとりを見様見真似で始めたのですが，何日も繰り返すと，やはりその先生らしさというか，各々の個性が出てきました。元々，先生たちは文章を書いたり日記の返事を書いたりするのは得意なので，「不登校の子たち全員引き受けて，Teamsに慣れている私一人で対応しよう」なんて気負わず，信頼してお任せしてしまっても大丈夫な部分だと気づきました。不登校の子一人に対して，一人の先生だけがやりとりするのではなく，何人かの先生がコメントできる状況にしておくことをお勧めします。

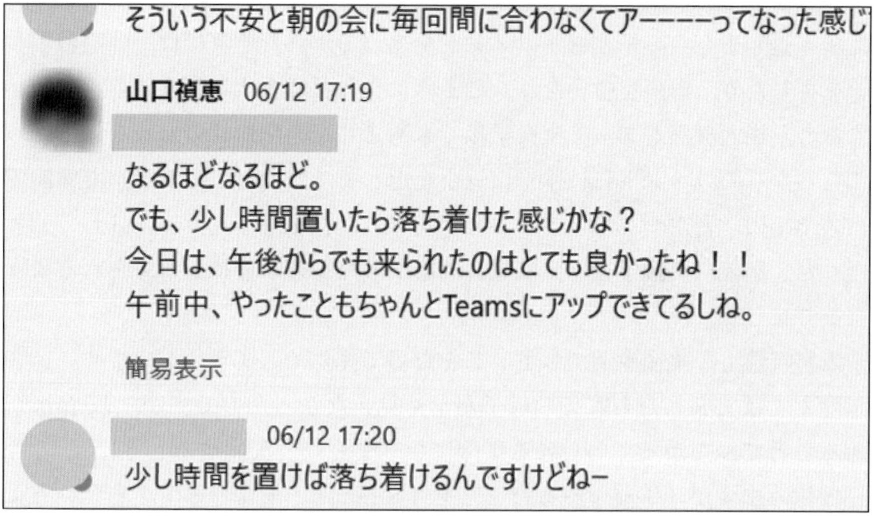

図4　Teams内での子どもとのやりとり

（4）子どもたち同士のやりとり

このコロナ禍の休校を機に，職員内でも Teams 活用が一気に広まりました。職員も100人近くいる学校なので，直接のやりとりよりも自分の都合のよい時間に見て返事ができる Teams は本当に便利でした。大人同士のやりとりでも，返事があったり，いいねのスタンプをつけてもらえたりするのは嬉しいものです。多くの人とのやりとりにも Teams は向いています。

しかし，本学園の支援学級での Teams のやりとりは，「先生」対「個」のやりとりがメインになってしまいました。本学園の支援学級の子どもたちに足りなかったのは，子どもたち同士のやりとりだと感じています。コロナ禍で子どもたち同士が関わる学習や活動も減ってしまいました。もっと人と関わりたいと思っている子どもたちも多いと思います。横のつながりを意図的につくってあげられなかったのは教師側の落ち度でした。一方，特性上，人とのコミュニケーションが苦手な子どもたちもいます。今回，支援学級で Teams を使う子どもたちを見ていて気づいたのは，自然に子どもたちの関わりは生まれないということです（コミュニティが小さいというのもありますが……）。最初は大人からでも「きっかけ」を作ってあげることが必要だと感じました。リアルなコミュニケーションはもちろん大切ですが，今後はネットを介したマナーなども Teams を介しながら学ぶことができるのでは，と期待しています。

（山口　禎恵）

Point

- Teams を使用すると，読み書きに困難がある子たちが取り組みやすい
- Teams を使用すると，口頭よりも文面の方が伝えやすい子たちによい
- 学ぶ場所は学校だけではない

第4章
コロナ禍の保護者や地域とのつながり

保護者懇談と授業参観

●直接？　オンライン？　選べる懇談会と授業参観

1　保護者との懇談

休業期間中は，児童にどう学びの機会を提供するかを考えると同時に，児童の家族に対してできることは何かを考える日々でした。この期間，日々子どもたちと過ごし，本来学校で行っていたはずの学習のサポートも担ったご家族には，これまで以上の負担がかかっていたかと思います。学校側からの提案等に対し，家庭の負担がさらに大きくならないように意識しながら，慎重に対応を進めました。

取り組みとして，メーリングリストでの情報発信や学級通信の配信，また，Web アンケートを活用した調査などの時間の縛りの少ない方法を考えてやりとりし，オンラインでの保護者会と個別面談を実施するなど，休業中の心配事やちょっとした話題にオンラインで応じる試みをしました。また，保護者会などについては，学校再開後もオンラインを合わせた取り組みをしています。最初は不便を多く感じていましたが，保護者会の在り方や参観の在り方と，選択肢が増えてくることで，見えてくる可能性もありました。

（1）休業中のオンライン懇談会

①学部保護者会

2020年４月末，以降のオンライン教育活動等で活用した「Zoom」の接続テストを，学部の各家庭を対象に行いました。教員はすでに会議等で使用していた Zoom ですが，家庭とつながるために，あらかじめ各家庭の接続環境などを調査したうえで，なるべくわかりやすい説明を考え送付し，４回の接続テストの機会を設けました。自由参加ではありましたが，都合を合わせてたくさんの家庭が参加をしてくれました。親子で参加してくれた家庭も多く，久しぶりの再会にとても盛り上がりました。仕事の都合などで参加できなかった家庭についても，個別対応をすることで接続が可能となりました。まずはみんなで顔を合わせることができたことがとても嬉しく，教員にとっても，児童と保護者にとっても，学校と家庭がつながったという意識が高まった，とても大きな機会となったと感じます。学校再開前には，学部主事主催で「オンライン学部懇談会」を土曜日に開催しました。３密を避けた教育活動の実現に向けた対応の説明や協力願いの呼びかけや，保護者からの質疑応答など，学校再開の日を安心して迎えられるように情報交換を行うことができました。

②自由参加の学級保護者会（〇〇組カフェ）

学級では，保護者が気軽に話せる場づくりをと考え，自由参加の保護者会を行いました。「テーマなし，出入りは自由。お飲み物，お茶菓子はご持参ください」とアナウンスし，週に１回１時間程 Zoom 会議室を開きました。「誰も来なくても担任が雑談しています」とお伝えしたところ，毎回何名かのお母さんお父さん，児童本人が参加して，担任の話し相手をしてくれました。「どんなお菓子を食べているの？」という会話から最近あった出来事の話題，家庭での過ごし方の相談，ときには児童のきょうだいと別の家庭の保護者とが共通の話題で盛り上がったり，これまで以上に幅広く話ができる機会となりました。

③個別面談

５月中旬に，各家庭との個別面談を Zoom で実施しました。事前に送っていただいた「ニーズ調査アンケート」をもとに，本人や保護者の願い，生活スケジュールなどを確認しながら，今年度の「個別の指導計画」について情報交換をしました。本校の「個別の指導計画」は，継続の目標に加えて前年度の担任によって新規目標案が立てられているので，今年度の状況に合わせた手立てや家庭からの新たな希望を加えながら，面談を通して修正をしていきます。その際に，感染予防の観点から実施できないと思われる目標（日常生活の指導や児童同士が密になる学習内容）についても，予め確認をしました。

オンラインでの面談は初めての試みでしたが，画面共有を行いながら話をしていくことで，スムーズに話を進めることができました。しかしながら，動きを伴う支援方法の確認などオンラインでは伝わりにくい部分もあり，直接対面で話すこととの違いと難しさを感じました。その一方で，小さなきょうだいがいる家庭などは，自宅から参加できる環境によってゆっくり話をすることができるというよさもあります。それぞれのメリットとデメリットを挙げることで，今後の可能性を探ることができそうです。

（2）学校再開後の選択制懇談会

学校再開後は，６月下旬に保護者会を実施しました。例年であれば，４月の初めに全校保護者会と学部保護者会を行い，各学級での保護者会を実施することになっていましたが，2020年度は YouTube を使用した配信での全校保護者会を行い，学部保護者会の内容については，各学級において部主事の作成した動画を流すことで代替としました。

各学級の保護者会については，直接参加とオンライン（Zoom）との選択制で実施しました。低学年学級では，担任と直接話すことを希望する家庭が多くほぼ対面での実施，中高学年は，オンライン参加と半々に分かれての実施となりました。また，参加できない家庭については，期間限定の配信をすることで保障を行いました。参加の方法が選べることについては好評だった一方で，後から配信することにより当日の参加が減ってしまうのではないかという懸念の声も聞かれました。

保護者会では，休業中の児童の様子やよかったことや困ったことなども共有できました。

対面と Zoom を合わせた保護者会

「最初は学校にいけないことや新型コロナのニュースで不安になっていた」「運動不足になってしまった」という困りがあった一方で，「学習 DVD や動画，オンラインなどのおかげで，生活リズムが崩れなくてよかった」「家族みんなで過ごしてこれまでなかった経験ができた」「一人でできることが増えた」など，休業期間をポジティブにとらえていた家庭も多く，お話を伺うことで新たな気づきとなりました。

2 オンライン授業参観

本校では保護者会の日は授業参観日となっていますが，2020年は密を避けるため学校での参観を行うことができませんでした。そこで，６月はオンライン参観を実施することにしました。朝のあつまりと学級体育は在宅組が Zoom で参加しているので，そこにマイクとビデオをオフにして参加をしていただきました。その後の授業は，Zoom のように入室の対応ができないため，YouTube ライブでの配信を行いました。

広角で見る授業参観

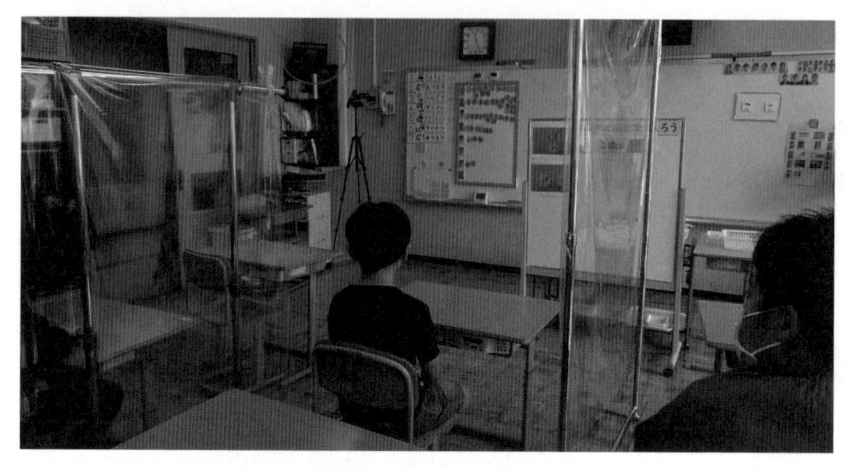

授業参観用カメラ（正面）

YouTube での配信は，限定アドレスをメールで各家庭に伝えて実施しましたが，初日は大失敗をしました。普段使いの Windows と，配信に使用した Mac の操作等の違いの把握が足りなかったこと，流れていた音楽が著作権に引っかかったことなどが原因として考えられます。予め「失敗するかもしれませんが……」とお伝えはしていたのですが，「暗い画面が続いて，ぶつっと切れました！」と，笑ってくれる保護者の皆さんに救われました。その日は，前々日に実施した，「ことば・かず」の授業を一日配信し，翌日は，反省を踏まえて，慣れた PC を YouTube 慣れした教員が使い，無事リアルタイムでの配信を行うことができました。

オンライン授業参観は，広角での動画となってしまうため，児童の細かい表情や様子は見にくくなってしまいます。その一方で，「親がいないときの子どもの姿が見られた」「いつもは我が子だけを大写しに見ている感じだったけど，全体の中での我が子の動きを客観的に見ることができた」など，オンライン参観ながらのよさもあげていただきました。教員としては，保護者の皆さんのその場での反応を見ることができないことはやや残念ではありますし，その場での疑問にすぐにお答えできないのは心苦しい部分もあります。また，「うまく配信できているのかな」と別の心配もあります。けれども，保護者の皆さんが後日連絡帳で感想を寄せてくれたり，素朴な疑問をすぐにあげてくれたりすることにより，次もやってみようという気持ちになっています。この試みだけでなく，初めてのことをポジティブに受け入れて，失敗したときに「ドンマイ」と言ってくれる保護者の皆さんの温かさに，我々教員は支えられています。

YouTube ライブは参加人数が表示されるのですが，家庭数よりも人数が多く表示されていました。どうやら，お仕事の休憩中にちょっと覗きに来た方もいたようで，違うところにいる家族にそれぞれ別の場所から参観していただいていたようです。また，アーカイブでその日のみ残しておいたところ，おうちでお子さんと一緒に見てくれた家庭もありました。授業参観は，家に帰ってから「今日がんばってたね」は伝えられますが，子どもたちにとっては時間が経ちすぎていることもあります。一緒に動画を見て，家族からその場で褒められたり会話したりできることは，児童にとってもよい機会となると考えます。「どっちもあるといい」と，ご意見をいただいています。児童や家庭に合わせたものを選べる，そういう新しい時代になっていくのかもしれません。

（高津　梓）

Point

- まずは家庭とつながる
- 家庭の負担が大きくならないような工夫をする
- 方法を「選べる」ようにする

2 進路指導

●必要な情報をどう伝える？

1 なかなか実施できない進路懇談

（1）直接伝える場がなくなる

例年，私の所属している中学部では春先に保護者対象の進路懇談会を実施していました。中３は，具体的な進路先の決定までの流れを説明し，中２には，一年後を見据えた各学校見学会への参加等のお知らせをし，入学したばかりの中１には今後３年間の大まかな流れの説明等を中心に進めていました。特に中３の保護者の皆さんにとっては大事な情報が詰まった進路懇談会だったので，実施は必至でした。それが2020年は臨時休業によって一切実施することができなくなってしまったのです。さらに，例年であれば進路懇談会で説明しきれなかった事柄や再度確認が必要な情報等を補足して伝える場でもあった授業参観，懇談会や家庭訪問，個別の指導計画に関わる個別懇談も実施を見合わせた結果，進路について直接的に伝える機会が全くなくなってしまったのです。

（2）伝えなければならない

直接伝える場がなくなってしまい，進路担当の先生はどうしたものかと困惑しました。そもそも例年通りには何一つとして同じにならないことを改めて理解しました。伝える場がなくなったとしても順序よく必要な情報を伝えていかなければなりません。臨時休業中，学年を越えて進路担当が相談し，まずは紙面で伝えられる内容を検討し，郵送による進路資料の配布を行いました。

（3）進路担当による動画配信

進路の事柄は間違って伝わってしまうと大変です。そのため，今まで進路担当は対面で保護者の皆さんに事柄が正確に伝わっているかどうかを何度も確認しながら，説明を重ねてきました。でも，今年はそれができません。配布をした資料だけでどのくらい理解を得られているか，疑問などはないだろうかと進路担当はかなり気にかけていました。学部全体の業務を担っている私は，「全校の進路担当の先生と，紙面だとなかなかうまく伝わらないことや，進路指導に関するもう一度伝えておきたい基礎的な内容等を盛り込んだ動画みたいなものがつくれないだろうか？」と声をかけました。進路指導では，１回ではなかなか理解できないような事柄もときには説明で出てきます。そのようなときに動画であれば何度か聞き直したりもして，理解を深められるのではないだろうかと考えたのです。

するとすぐに全体の進路担当の先生はプレゼンテーテョン資料をもとに，解説の動画を作成してくれ，限定公開のYouTubeチャンネルにアップし，小・中・高全ての保護者の皆さんと全ての教員向けに配信してくれたのです。

その内容はクイズ形式になっており，小学部からの大まかな進路決定の流れ，実際の卒業生の進路先やその生活の様子が大変わかりやすく構成されていました。この動画は小学部の保護者さんからはまだ意識していなかった進路が少し身近になってきたことや，教員側の知識の整理にもつながったとのコメントがありました。中学部の保護者さんからは進路懇談会等がなくなる中で，動画を視聴することで不安が少し解消された趣旨のコメントもありました。そして，内容を再び理解したり確認したりする機会になったようです。

紙面で配布した内容と伝える情報を整理し，厳選して伝えることで保護者の方々の進路に対する理解度が増すことにつながったのではないだろうかと考えています。

（4）これからの進路懇談の進め方

６月の学校再開後も１学期に各懇談は実施できませんでした。２学期以降に新しい生活様式を保ちながら，一つずつ計画を練り直して実施していく予定でいましたが，北海道の感染拡大を受け，秋から冬にかけての懇談はほぼ中止となってしまいました。予想はしていましたが，対面での進路懇談の実施は時間や人数，空間の制限が数多くあることから，「必要な情報を厳選して伝える」ことに徹しなければ実施が難しくなります。紙面で伝える情報と動画配信等を合わせて利用し，話し言葉を交えて伝える情報，リアルで対面し，やりとりを交え確認しながら伝える情報の整理が必要です。そして，これらを組み合わせてより効果的な進路情報を伝える仕組みづくりが求められるでしょうし，もしかしたらこのハイブリッド化がこれからの進路懇談のスタンダードになるかもしれません。さらにその先には，双方向のオンラインでの進路懇談などがあるかもしれないと想像しています。双方向のオンラインが難しいところは，紙面と動画配信の組み合わせで伝えられる情報の整理から始めてみる必要があると改めて考えているところです。

2　期間が短くなった教育相談

（1）個別での実施

特別支援学校での進学に関わる教育相談は基本的に個別に実施されるところが多いかと思います。私の地域では教育相談を受けていることが受検の必要条件となっているかと思います。例年であれば，新学期がスタートし，学級活動も軌道に乗ってくる５，６月あたりから教育相談が始まります。実際に生徒が学習を体験したり，本人もしくは保護者の皆さんから生徒の今の様子や課題をお聞きしたり学習内容等をお伝えしたりといったところが主な内容です。一人に少なくとも１～２時間は要します。本校の高等部では，中学部からの生徒が20数名，その他に外部からもかなりの数の相談があります。

（2）２学期から実施

学校は６月に再開しましたが，もちろんすぐに教育相談は実施できませんでした。外部からの相談はもちろん，校内においても，学部をまたいでの生徒の移動や保護者の来校も厳しく制限されました。そんな中，２学期以降の教育相談実施に向けて，日程調整が始まりました。ですが，例年と比べると圧倒的に時間が足りないはずです。本校からも他校の受検を考えていたりする生徒だと２，３校は教育相談を受けたり，学校見学に参加したりしなければなりません。すでに他校のいくつかでは，相談も再開されていたようですが，中学部３年生は，例年よりも圧倒的に少ない，限られた時間の中で，教育相談を受け，進路先を決定していかなければなりません。受け入れる側の苦労もありますが，受ける側の今の様子をしっかりと観察していく必要があります。単純に教育相談の時期がズレた，進路を考える時間が短くなった，という話ではありません。ここに至るまでにすでに長い休業を経て，いつもとは全く違う１学期を過ごしていることを加味し，その上で心身ともにケアをしながら進んでいく必要がありました。例年であれば，保護者の皆さんに進路懇談会で説明するように，中３の生徒たちには１学期スタートからそれぞれの学級や学年で進路に関わる指導が継続的になされていました。そこがほぼできない状態で，教育相談に入ってしまうのです。ここは本当に一人ひとりと丁寧に関わっていかなければなりません。

秋には，感染症対策を十分に取りながら，いつもよりは短い時間ながらも丁寧な教育相談が実施されました。

（郡司　竜平）

Point

- 対面で伝えるべき事柄と紙面や動画で伝えるべき事柄の整理
- 対面での懇談会の計画もコンパクトに
- 教育相談で聞くべき内容を厳選し，事前に伝える

3 地域での学習の様子の変化

●ウリが仇となる!?

1 学びの直接体験ができない

(1) 直接的な体験から学ぶ

本校中学部では，例年だと9～10月の時期は総合的な学習の時間の一環で，地域のあらゆるところに足を運んで，「仕事」「働く」を大テーマとした学習を計画し，取り組む時期です。この，地域へ出ての学習は中学部の「ウリ」の一つです。

「大好きなお菓子はどこで買うの？」「お店にはどんな仕事があるの？」「地域にはどのような仕事をしている人たちがいるのだろう？」などの問いを設定し，調べ学習を展開します。地域に点在するコンビニエンスストアの場所を調べたり，店員さんに自分たちの疑問をインタビューで聞き取りをしたり，実際の仕事を体験させてもらったりします。地域には，郵便局や消防署，駅など多くの人が利用するところ，コンビニ，スーパーなど日常的に利用するところ，車の販売店や飲食店などの様々なところに，様々な「仕事」があり，様々な「働く」人がいます。生徒たちは自分たちの「問い」を解決するためにその場へ足を運び，リアルな仕事の実際を目にし，耳にし，体験することで学びを深めていきます。そして，この直接的な体験をすることで，「仕事」や「働く」ことへの興味を高めたり，知識を広げたりしています。一度に多くの仕事を行うにはまだ課題があったり，サポートが必要だったりすることがありますが，店舗での品出し作業の一部や，レジ打ちの模擬だったりとこれまでは実際の仕事が体験できる貴重な学習の機会となっていました。

（2）間接的な関わりも制限される

本校中学部で日常的に行われている作業学習の一つとして，リサイクル作業があります。メインの作業は空き缶とペットボトルをリサイクルできる形にすることです。空き缶リサイクル作業は，まず空き缶を回収するところから始まります。……が，しかし，この空き缶回収が全くできません。担当の生徒たちが地域のコンビニや地区センターを定期的に回り，空き缶を回収していたのですが，これがストップしてしまいました。出先で学校外の方と長時間に渡り対面すること等はほぼないのですが，不特定多数の方が触れた空き缶の回収は生徒への感染リスクを考え，全て止めざるを得ませんでした。出先で，相手方へほんの一瞬，感謝の意を伝える機会もなくなってしまいました。これまでは回収後の空き缶の洗浄作業も生徒たちの大切な作業工程の一つでしたが，コロナ禍でそれも難しい状況です。限られた教員から，感染予防対策を行った空き缶だけの回収と，これまでにストックしていた残りわずかな空き缶やペットボトルでこれからの学習活動を展開していかなければなりません。作業学習は，生徒たちが直接的に動作・操作を伴い，理解して主体的に動ける学習であるので，継続して行いたい学習ですが，学習内容の変更も含め，厳しい状況にあります。

2　制限された中で学ぶ機会を生み出したい

（1）制限された中でも地域から学びたい

総合的な学習の時間の担当教員と「何ができるか」「子どもたちに何を学んでほしいのか」「どの形なら実現可能なのか」と話をしていくうち，やはり「地域とのつながり」「地域で学ぶ」ことは可能性があるのなら少しでも取り組みたいとなりました。まずはリアルタイムでの双方向のオンラインで，インタビューのようなことはできないだろうか？　と考えました。しかし，相手方が確実に応じられるか不確定なこと，ネットワーク回線の安定に不安があることなどから現時点ではベストではないとの結論になりました。次は，ビデオカメラをやりとりする方法はどうかとなりました。質問をする，回答をする，回答に対する質問をすると，積み上げていくのです。これは，やりとりが煩雑になるのと，外部の人と接触する機会が増えてしまうのでは？ということが最後までネックとなり，地域の状況を見ながら検討となりました。

最終的にたどり着いたのは，担当者が１，２名の少数で感染予防対策をした後に，一度だけ相手方を訪問させていただくという方法でした。可能なかぎり事前電話でのやりとりをし，一度だけ訪問させていただき，学習に関わる内容を動画におさめてくるのです。ただし，それでも感染リスクをゼロにできるわけではありません。コンビニや各店舗に依頼がすぐに依頼ができる状況にはないと判断しました。そこで地域に展開して，なおかつ本校の卒業生等がお世話になっている事業所等へ相談してみることとしました。これには進路担当の先生方に卒業生の進路先等を丁寧にピックアップしてもらったりなど多大なご協力をいただきました。学習の状況やこれからの学習計画について話をさせていただくと，事業所の方々には，このような状況下にもかかわらず，「子どもたちのためなら」と可能な範囲で協力いただけることになりました。事業所の利用者が不在の時間を利用し，事業内容について説明をお聞きしたり，実際の仕事の内容を動画におさめてきました。本来なら生徒が直接訪問させていただき，直接的に，仕事を体験させたいただくのが一番の学びであることは誰もが理解していますが，2020年夏，本校での新しい学び方に向けた第一歩が踏み出された感じもしています。

（2）自分たちから発信する

空き缶回収にも行けない地区センターですが，本来であれば，回収だけではなく，総合的な学習の時間における訪問先の一つでもありました。地区センターには様々な仕事があり，生徒たちは毎年いろいろな仕事を体験させてもらったり，仕事についてのインタビューをさせてもらったりしていました。そこで，地区センターの方々とのつながりはもち続けたいとの思いで，作業学習の一環として，縫工作業で製作した製品を地区センターに置かせていただき，地域の方々へお持ち帰りいただくことで日頃の感謝を伝えるという学習を計画し，作業を進めました。納品に関しては，作業中はもちろん，完成した製品の消毒等も行い，最大限の感染予防対策を施しながらなんとか実現できるよう調整しました。直接に関わったり，学んだりする場はもてませんが，間接的にでも学校のことを思い出して，これからも関わり続けていただけるように取り組んでいます。

秋には実際に配布することが可能となり，受け取った方々からは気持ちのこもった礼状が送られてきました。

（3）新しい学習スタイルを模索し続ける

小学部の児童は地域の公園などでの学習を制限されていたり，中学部の生徒は自動販売機での買い物学習も制限されたりしていた1学期を過ごしました。2学期からは，消毒，感染予防対策をした後にこれからの制限を少しずつ緩和する方向で学校は動きました。まずは対人でないところから始めました。その先に，新しい生活様式を踏まえた新しい学習スタイルがいろいろと広がっていくのだと思います。本校でも，地域の方々から学びたいという思いをもちながらも，感染が拡大する状況とのにらみ合いの状況が続いています。

2020年度末も，外部で対人での学習は実現できませんでした。今後もオンライン等を含めた新しいスタイルを模索し続けます。

（郡司　竜平）

Point

- ●外部との直接的な関わりは厳しく制限されている
- ●既存のつながりから新しいつながり方を発想する
- ●情報発信を続け，存在を意識してもらうと次のステップが見える

第5章
コロナ禍のメンタルヘルスケア

子どもと教師に起こったこと

● 「未知との遭遇」――暗がりの中，共に歩く仲間たちへ

1 「今までにない体験」が子どもに与える影響

「これは大変なことになる」，2020年３月から世の中の動向に合わせるように，公的な機関では相談業務が次第にクローズになっていき，2020年４月７日に緊急事態宣言が出された際には，これから起こる「今までにない体験」が，子どものメンタルヘルスに重要な影響を及ぼすのではないかと危惧した専門家は少なくなかったのではないでしょうか。

実は，「相談件数」だけの純粋なデータだけを振り返ってみると，私が仕事で関わっている東京都の複数の自治体では，学校長期休業中における電話相談件数は，2019年度の同月と比較すると大きな増加はなく，重大な相談案件（自傷・他害）の出現数も劇的な増加を示すことはありませんでした。

また，「相談内容」という質的な点では，休業当初は，家庭学習の進め方の相談が多く，その後，家庭での居場所や学習をめぐるトラブルの相談が増えていくという流れが複数の自治体で共通してみられていました。さらに，興味深かったのは，日常的に学校との間で行動問題が発生していると聞いていたケースに関しては，長期休業になり「学校に行かなくて済んだ」ために，家庭で楽しく過ごせているという報告が多くみられたことです。

長期休業明けの分散登校の期間では，行動観察をするために学校に訪問すると「子どもが落ち着いて授業を受けている」「大人も指導がしやすい」という先生からの報告があがっており，「環境側である学校に課題があったのだということに気がついた」という声を多く耳にしました。

その後，一斉指導が開始され，９月くらいになると，上記のような部分的な数字やインタビューだけに注目し，教育センター内では楽観視する専門家も出てくるようになりました。しかし，現場にいる先生方からの話では，一斉登校が始まった後から，次第に不調を訴えているお子さんの話を聞く機会が増えるようになり，私自身も複数の自治体でお子さんの気になるエピソードを耳にする機会が増えていきました。自分の周辺において，2020年９月から11月までの期間で共通していたのは，自治体の相談機関の多くでは相談実数は例年より微増傾向（または大きな変化なし）にみえるものの，先生をはじめとする各専門職のフィールド上では確実に例年にないことが子どもにみられるようになったということ，また，今までになかったエピソードは地域の特性によって異なりそうだということでした。

あくまでも，ここまでの話は，個人周辺の情報を集めただけの話なので，情報に偏りがあるのは言うまでもありません。そこで，大規模なデータから考えてみたいと思います。

国立成育医療研究センターでは，長期休業中の2020年４月30日～５月31日の期間と，学校再開後の2020年６月15日～７月19日の期間，９月１日～10月31日，11月17日～12月27日の計４度に渡り，小学校１年生から高校３年生（相当）のお子さんと，０歳から高校３年生（相当）の保護者の方に対して，「コロナ×子どもアンケート」と題してアンケートを行っています。

このアンケート調査では，毎回の回答者が同じではないということから，データの扱いには慎重さが求められることになりますが，２回目のアンケート調査の結果から，学校再開後では，72％のお子さんたちに，何らかのストレス反応が出ていたこと，前回のアンケートの比較において，「コロナのことを考えると嫌な気持ちになる」「最近，集中できない」「すぐにイライラする」「寝つけない・よく目が覚める」ということが共通してあげられており，その変化においても大きな改善がみられていないことが示されていました。

また，３回目の調査では，若干の改善がみられる項目がありますが大幅な改善はみられていません。

また，２回目の調査では，子どもの不安事象に関して，家庭で共感的に聞

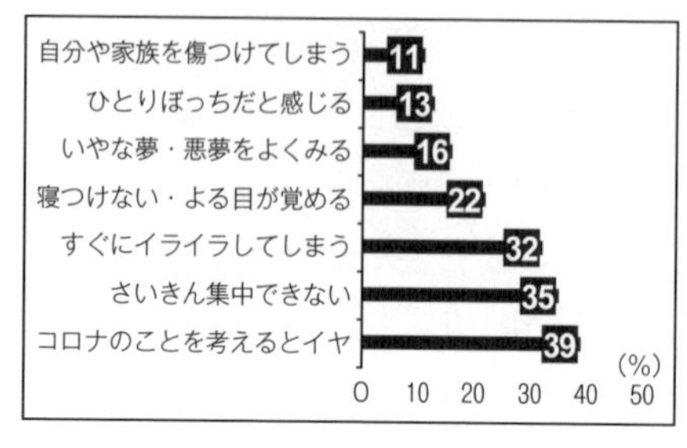

図１　子どものこころへの影響
自粛期間中（４～５月）

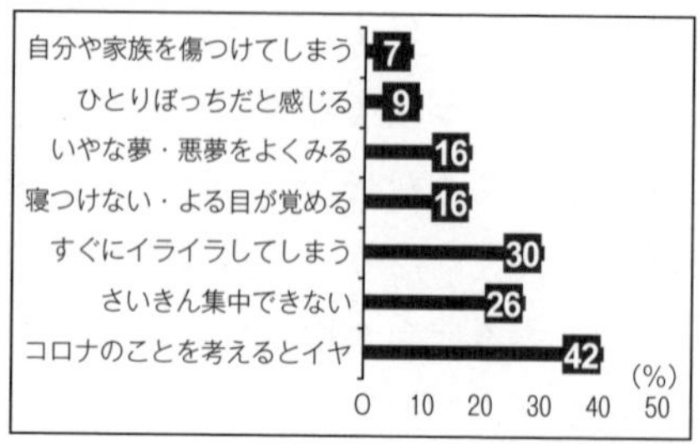

図２　子どものこころへの影響
学校再開後（９～10月）

＊図１，２は，国立成育医療研究センター（2020）をもとに前川が作成した。

＊注：こうした大規模調査と，現場での相談件数のズレを考える際には，ストレスを感じながらも適応しているように見える群があること，周囲も自分も今の状況を問題であると気づいていないこと，相談機関の機能や存在を知らないことなどの要因も考慮する必要がある。

いてもらえたかという問いに，56％の子どもしか聞いてもらえていなかったという結果が示されています。同調査では，保護者自身がストレスに対して適切に対応できているかを尋ねる項目があり，65％の保護者が自身のストレス事態に対し適切に対応できていないという結果が示されており，保護者側に子どもの状態を共感的に捉えようとする余裕がなくなってきている可能性があることが考えられます。このことから，子どもだけでなく，その周囲の大人へのストレスに対する対応方法も検討する必要性が伺える結果となっています。

また，子どもや大人にとっての「ストレス」と一言で言っても，新型コロナが収束しないままであることへの不安，新しい生活様式，休業期間の遅れを取り戻そうとするカリキュラムへの不適応などがストレッサーになっている可能性があり，この影響は今後も続くと予想され，ストレス反応が慢性化しないように注意深く見守っていく必要があるとしています。忘れてはいけないのは，まだ，2019年までの「平常」とは異なる，初めて体験するという意味での非日常の真っただ中に我々はいるということなのです。そのため，コロナ禍が子どものメンタルヘルスにどのような影響を及ぼしているかの調査を行いながら，メンタルヘルスの先行研究などで明かにされた知見をもと

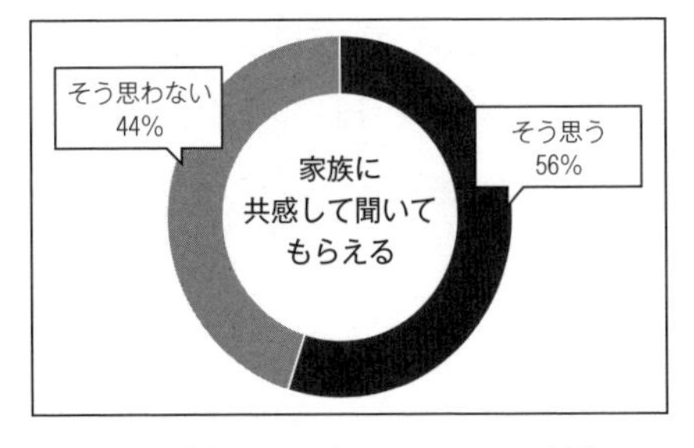

図３　子どものメンタルヘルスへの対応より抜粋

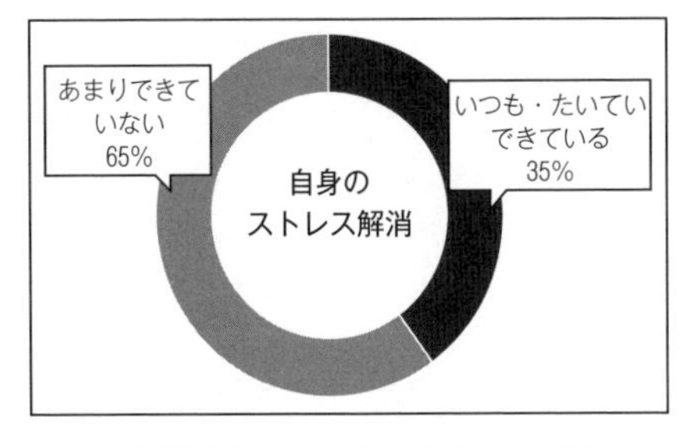

図４　保護者のメンタルヘルスへの対応より抜粋

＊図３，４は，国立成育医療研究センター（2020）をもとに前川が作成した。

に，子どもに発生した諸問題への対応について考えていく必要が出てきます。

2　今までにない体験が教員に与えた影響

すでに本書の各章で述べられてきたように，多くの教員は，長期休業中から児童生徒の学びの保障をするために奔走してきました。しかし，メンタルヘルスという視点から教員自身が支援の対象者として話題の対象になることは少ないです。ここでは，改めて，長期休業中から教員がどのようなことに直面し，疲弊していったのか，複数の自治体での話から整理していきます。

（1）長期休業中に，先生が直面したこと

学校が長期休業に直面した際には，対面で，授業そのものを実施することはなかったものの，東京都の特別支援学校では，家庭の負担を減らすために，子どもの預かりを行っていたり，その他の小・中学校においては（自治体や地域の学校ごとによって対応が異なっているが），特定の教員を中心に，授業を YouTube で配信したり，プリントを登校日に家庭に配布したりするなどの対応を行っていました。しかし，小中学校で行われていた実践の多くは教育委員会との連携するシステムがないために地域の中で拡大・実装されなかったり，学校内では，ICT 活用が難しい教員もおり，教員同士の温度差

から孤立していく教員が多くいたと言います。また，教育委員会内部でも同様の温度差があり，コロナ禍のICT活用における組織内連携の不全感などがストレッサーとして存在していたという話が実践報告としてあげられていました。

（2）仕事量の増加とメンタルヘルス

学校再開後には，新しい生活様式のために，「健康状態の把握」「消毒」「給食時の配膳指導」「３密に配慮した授業／児童・生徒指導」「カリキュラムの遅れへの配慮」など，明らかな仕事量の増加がみられるようになっていきました。もともと，教員の仕事量に関しては，新型コロナによる問題が発生する前から問題となっていました。文部科学省（2018）によると教職員の精神疾患による病気休業者の数は，この数年5,000件前後を推移しており，労働時間についても小学校，中学校の教員の労働時間は，他の業種と比較しても非常に長いことが示されており，その労働環境の改善が叫ばれている中で新型コロナウイルス感染症に遭遇してしまったのでした。

実際，図７のように，一日の先生のやらなくてはいけない仕事は増えている状態にあります（消毒については，現在教員が行わなくてもいいようになっている自治体が多いです）。このような，新しい生活様式が学校に導入され，集団生活が本格化してくるという間（４～11月において），管理職や現

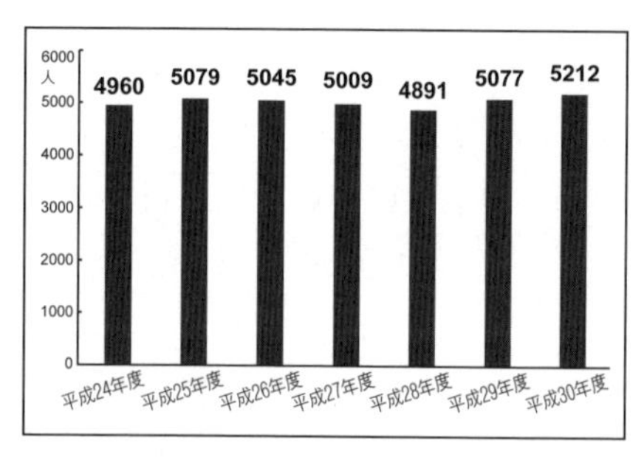

図５　教育職員の精神疾患による病気休職者数の推移（文部科学省，2018）

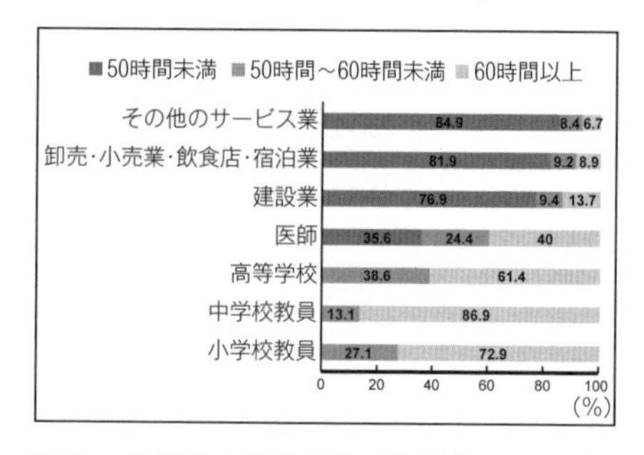

図６　各業種の労働時間（連合総研，2016）

都内に勤務する
小学校教諭の一日（例）

8：00	出勤。準備しながら同僚と情報共有
8：10－8：45	児童登校。体温・体調確認。朝の会など
8：45－9：30	1時間目
9：35－10：20	2時間目
10：20－10：40	中休み。3密回避に気を配る。委員会活動の指導
10：40－11：25	3時間目
11：30－12：15	4時間目
12：15－13：00	給食指導。配膳対応
13：00－13：20	昼休み，3密を回避しながら児童と外遊び
13：20－14：05	5時間目
14：10－14：55	6時間目
14：55－15：10	下校指導
15：10－15：45	教室の消毒，清掃
15：45－16：30	休憩・授業計画の作成など
16：30－16：45	職員会議
16：45－17：00	諸連絡，スケジュール作成
17：00	退勤

都内に勤務する
中学校教諭の一日（例）

7：45	出勤。予定の確認
8：10	職員質での朝の打ち合わせ
8：20－8：50	朝学活。生徒の健康観察表のチェック
8：50－9：30	1時間目
9：40－10：20	2時間目
10：30－11：10	3時間目
11：20－12：00	4時間目
12：10－12：50	5時間目
12：50－13：20	給食。急いで担任の教室に戻り配膳指導
13：20－13：50	昼休み。3密を回避させる指導
13：50－14：30	6時間目
14：40－15：20	7時間目。途中で避難訓練
15：30－15：40	簡単清掃
15：40－15：50	下校指導
15：50－16：35	職員会議
16：35－17：00	消毒・清掃。その他，打ち合わせ等
17：00	退勤

図7　小学校・中学校教諭の一日

場の教員の病休などの報告がなされるようになったり，SCに自らの心や体についての相談をする教員が増えてきているというという話を耳にする機会が増えてきています。このことからも，「教師のメンタルヘルス」という問題も現在進行形であり，教師に対して今後どのような対応をしていくのかを検討していくことは急務であると言えます。

このように我々は，今，新型コロナウイルス感染症という未知との遭遇をしている最中です。メンタルヘルスに関しても，どのような問題が生じていくのかも未知数です。しかし，先行研究にて明らかになった方法を用いて，解決していくことは可能です。この後，第2節では子どもへのメンタルヘルスへのアプローチについて，第3節では教師（大人）へのメンタルヘルスへのアプローチについての概論について言及し，第4節において，仮想事例への解決を各専門家の視点から述べて参ります。皆様の実践の一助になれば幸いです。

（前川　圭一郎）

2 子どものメンタルヘルスケア

●こころの拠り所をつなぐには？

1 コロナストレスへの対処の難しさ

（1）通常のストレスと何が違うのか

コロナ禍において，子どもたちの日常生活上のさまざまな変化は，メンタルヘルスの悪化につながることが懸念されます。ここでは特に感染リスク，自粛ムード，ソーシャルディスタンスなどに起因する，コロナ禍の象徴的なストレス（いわゆるコロナストレス）に焦点を当てて，特別支援教育を受ける子どもたちの文脈にどのような影響を及ぼすか，またそれらを乗り越えるために何が必要かを考えていきます。

通常時のストレスと比べて，コロナストレスの厄介なところは，その「対処のしにくさ」にあると言っていいでしょう。通常，ストレスはネガティブな体験として認識できるからこそ，問題を解決しようとしたり，気晴らしなどのセルフケアに努めたりする動機が生まれます。しかしながら，コロナストレスは一過性のネガティブ体験ではなく，「新しい生活様式」として日常に溶け込んできており，メンタル面のケアが必要な状況とは認識されにくいかもしれません。こうした変化をポジティブに受け入れるのも一つの対処法ではありますが，そうなるまでにはしばらく時間がかかりそうです。学校生活においても，感染リスクを完全にゼロにできない以上，不安は常に付きまといます。加えて，ストレス発散のための活動も制限され，人とのつながりや居場所といった「こころの拠り所」が奪われることになりかねません。

（2）特別支援教育を受ける子どもたちへの影響

とりわけ，特別支援教育を受ける子どもたちの中には，普段と違う生活を強いられることへの拒否感を抱き，見通しが立たない状況を耐え難く感じる子どもが多く存在しています。目に見えない感染リスクを過剰に恐れたり，生活のルーティンが崩れることで落ち着かない状態に陥ったり，サポートが得にくい状況に孤独感が増したというケースも耳にします。そうした影響は，不安や抑うつ，イライラなどの情緒面だけでなく，不眠や腹痛，食欲不振といった身体面，攻撃的行動や引きこもりといった行動面のストレス反応として表れることがあります。これらがストレスによる影響だと理解せずにいると，学校でのトラブルや家庭内の不和・虐待の発生にもつながります。

さらに外出自粛に伴う行動の制限は，ストレスへの不適切な対処を招き，より一層メンタルヘルスの問題を増悪させる可能性があります。例えば，自粛期間中にインターネット上の投稿動画サービスの視聴時間やオンラインゲームのプレイ時間が増えたことは，多くのメディアでも取りあげられ，社会問題となりました。特に発達障害的な特性のある子どもたちは，興味のあるものに対して異常なほどの集中力を持続的に発揮するがゆえに，セルフコントロールの課題を抱えやすく，日常生活にも支障をきたす恐れがあります。

2　メンタルヘルスケアのためにできること

（1）感染の恐怖との付き合い方

新型コロナへの感染を恐れて，学校再開後も登校しないままでいる子どもの存在が確認されています。新型コロナに対する恐怖を強く感じている子どもは，自分が感染症にかかりやすいと信じ込んでいたり，感染リスクがある状況を忌避したりする傾向があります。こうした特徴のある子どもは，感染リスクを実際の可能性よりも過大に評価しがちです。

感染リスクが不確実なものである以上，私たちにできることは感染予防のためのルールに淡々と従うことのみです。感染予防を呼びかける際に，感染への恐怖心をあおる必要はありません。コントロール不可能なことに気を配るよりも，コントロール可能な自分自身の取るべき行動に目を向けることが大切です。同時に，感染予防のルールを完璧に守ることは難しいこと，もしルールを守れない人がいたとしても優しく教えてあげること，校内の誰かが感染してしまってもその人を責めないことを強調して伝える必要があります。

また，テレビやインターネットのメディアで新型コロナの情報を四六時中チェックしている場合は，それらが恐怖や不安を助長している可能性があります。一日の中で，ニュースをチェックしてもいい時間帯を決めておき，学校や家庭でも新型コロナに関する話は最小限に留め，穏やかな日常に近づけていくことが気持ちの安定につながります。

（2）自粛中の生活を充実させる

新型コロナの影響によって数々の学校行事や大会が中止となり，楽しみにしていた活動が奪われたことは，感染リスク以上にメンタルヘルスへの深刻な影響を与えるかもしれません。また帰宅後や休日の過ごし方についても，感染拡大以前と比べて多くの制限がかかった生活を強いられることで，ストレス発散のための活動が狭い範囲に限定されやすい状況にあります。

子どものメンタルヘルスケアを考える上で，ネガティブな感情体験を減らすことだけでなく，ポジティブな感情体験を増やすことも重要なテーマです。特に自粛中は，自宅でできる手持ちの活動の中で，充実感や達成感が得られる資源がどのくらいあるかがポイントとなります。同じ活動に没頭し続けることが得意な子どもにとっては，狭い範囲の活動でも十分にストレスを解消できているように見えますが，中には変化に対する抵抗感から消去法的にそれ以外の活動を選択していないだけの子どももいます。意図的に新たな活動にチャレンジさせる機会をクラス全体で設定して共有し合うなど，ストレス対処のための活動のレパートリーを増やすきっかけを作るとよいでしょう。

活動のレパートリーを増やすことと併せて取り組みたいのが，その活動が自分にとっての充実感や達成感に実際にプラスに働いたのかをチェックするということです。この作業は，お気に入りのストレス解消法がいつも有効でないことに気づかせたり，新しく試してみた活動の何が自分に合ったのか，合わなかったのかを分析して，次にチャレンジする活動を選んだりすることに役立ちます。既に行っている活動でも，その中で自分が何を選択しているかを細かく分解して振り返ることで，新たな選択にいきいきとチャレンジする機会を作り出し，自粛中の生活をより豊かにしていくことが望まれます。

（3）人とのつながりを絶やさない

感染拡大防止のために周りの人と一定の距離を保つことが推奨され，学校内外での交流のあり方も変わってきています。教師は気にかけているつもりでも，マスクでお互いの表情が見えにくい中，声かけの頻度は必然的に減り，目に見える形でのサポートの量は少なくなる傾向があると考えられます。

オンライン上でのコミュニケーションは，連絡手段や学習機会を保障するだけでなく，人とのつながりの場を提供するという意味でも有益です。特に友達作りや自らサポートを求めることが苦手な子どもにとっては，明確な目的がなくても居場所があることが孤独感を緩和させます。他にも，SNS やオンラインゲームなど媒体を問わず，仲間とつながる機会があることは「こころの拠り所」となるでしょう。SNS 上のコミュニケーションのトラブルや先にあげたネット依存・ゲーム依存のリスクなど，対応しなければいけない問題は山積していますが，それらの利用方法についても明確にルールを示し，「上手に依存」できるように見守ることが教育の役割ではないでしょうか。

（新川　広樹）

Point

- 感染予防に必要なのは「恐怖」ではなく「ルール」
- 新たな活動・選択にチャレンジして生活をより豊かに
- オンラインを活用して「居場所」の確保を

3 教師のメンタルヘルスケア

●コロナ禍を乗り越える教師のメンタル

1 コロナは教師のメンタルにどう影響したか

（1）突然の休業――そのとき学校現場では

新型コロナが本格化しはじめた2020年２月末，「学校を休校とする」という突然の連絡を受け，何をどうすればいいのかわからない状況の中，大急ぎで対応に追われました。各家庭への連絡や，子どもたちが学校に置いている私物の持ち帰りの指示，休業中の連絡先を確認といったことで精いっぱいでした。新型コロナ感染から子どもたちを守る，が最優先でした。突然の災害に見舞われたときのようなパニック状態で「これからのこと」を考える気力も余裕もなく，教師たちのこころにはブラックホールのような大きな穴があいたのでした。

（2）長引く休業の中で――手探りの対応

休業に入り，近づく卒業式をどうするのか，終業式はどうなるのかといった模索がはじまります。例年通りに実施できない中で，子どもたちの大事な節目を大切にしたいという思いで試行錯誤を行い，これまでのやり方を大幅に変更してなんとか乗り切りました。しかしながらこれで本当によかったのか，もっと何かできたのではないか，という落ち着かない思いを抱えました。

そして，春休みに入ります。「新年度になったら，もとの状況に戻る」という期待と願いは，始業式延期の決定で打ち砕かれ，子どもに会えない状況で新年度がスタート，という異例の事態になりました。その中で教職員の異動・クラス替え・学級担任の交代は，例年通り進められました。お互いの顔が見えない状態で，組織編成も学級経営もままならない状況に置かれました。
その中で「休業中の学習保障に向けての取り組み」が始まります。自宅にいる子どもたちとのやり取りは，電話回線やネット環境の整わない中，人海戦術で行われました。新担任は，名前しかわからない子どもたちに向かって，何を発信するべきか悩んでいました。前担任からの情報も得られず，周りの教師に相談もできず，黙々と作業に取り組む日が続きました。新１年生の教師は，教科書を取りに来たときに撮影した写真を繰り返し見て，顔と名前を必死で覚えていました。教師たちの精神的な余裕がなくなり，談笑もなくなった職員室では，事務作業の音だけが響いていました。
子どもたちと会えない，教師同士の意思疎通も難しい状況は，孤立感を深めます。そのことが教師のメンタルに大きなダメージを与えました。学校再開の日程が決まらない中，いたずらに日々は過ぎていき，不安と焦りが増していきます。その状態で，「学校とは何か」「教師の存在意義は何なのか」の問いを突き付けられ，方向性が見えなくなっていく教師も出てきました。

（3）行事の大幅な変更――先の見えない霧の中，学校現場の模索は続く

学校再開も突然でした。休業明けの学校では，新しい生活様式が始まりました。ようやくの顔合わせも，マスク着用のため子どもたちの表情がわかりづらく，コミュニケーションもままなりません。子どもたちの方も，新担任に打ち解けるのに時間を要しました。フィジカル・ディスタンスによって，教師と子どもたちや教師と保護者との間に，心理的に大きな壁ができました。
新型コロナの感染防止のため，学校行事は次々と中止され，代わりに，休業中の学習の遅れをどうやって取り戻すかが重要課題になりました。前代未聞の状況への対応をどうするか，連日会議が行われましたが，何をどうやって決めたらいいのかがわかりません。方向性が見えないまま，会議の終わりは，「とにかく，全力でやりましょう。がんばりましょう」の言葉で締めくくられました。会議用のバインダーは，資料のファイルで厚みを増し，その分，教師たちの心身の疲労も増えていきました。

2 「コロナにめげない教師」のメンタルの特徴

教師たちは，突然の休業によって，先の見えない真っ暗な海に放り出された状態であったと思います。しかしその中で，いち早く動き出し現状に対応していった教師たちがいます。「コロナにめげない教師」です。どういった教師たちだったのでしょうか。

（1）情報への感度の高さ

好奇心が強く，新しいものが好きで，「知りたい，やってみたい」の要求が高い先生です。新型コロナ以前より，自主的に様々な本を読み，講演会や勉強会に参加して，最新の情報に触れる環境をつくっていました。フィールドワークの範囲が広く，興味関心のあることはすぐ調べます。情報を集めることが得意なので，緊急事態になったとき，それまで，蓄積した資源を生かすことができました。また，新しい情報に対して，量と質に，自分なりの基準やこだわりをもち，正確さと内容の充実度を見分けるセンスがあるので，必要以上に怖がりません。突破口につながる情報を集めて，次々と活用していく様子は，本当に見事でした。

（2）チャレンジ精神

「まず，やってみる。失敗するかどうかは，やってみないとわからない」と新しいことに躊躇しない姿勢をもっています。行動に移すまでのスピードが速いだけでなく，やってみて気づいたことはその場で修正をかけていく適応性と，うまくいかなくてもそのことをポジティブに捉え，前に進んでいく柔軟性があります。やり直しや変更についても「想定内のこと」として受け止め，必要以上に落ち込みません。その姿勢は，周りに大きな影響を与え，「失敗を怖がって，手を出さない」という風潮の現場に，新しい風を呼び込みました。

(3) ネットワークをつくる能力が高い

グローバルな視点で，周りに呼びかけていきます。課題について，職種や所属に関係なく，関心をもつ人と次々につながっていくことができました。自ら発起人になって，会を開くといった場づくりに長けていて，初めての参加者でも話しやすいような気配り，目配りができます。集まりの中では，自分が抱えている課題を率直に話し，参加者に意見を求めます。その姿勢は，場の緊張感を緩め，意見交換を活発にしていきました。

場が盛り上がり，得るものが多い会であれば，参加者の満足度が上がります。その結果「また集まって話したい」という雰囲気が生まれ，互いに情報が共有される場になっていきました。

「お互いの意見を尊重し，情報共有することで，コロナ禍の共通の課題を一緒に解決しよう」という明確なコンセプトを打ち出すことで，良質なネットワークをつくり，必要に応じ，新しいネットワークもつくっていきました。

3 With コロナ時代に求められる教師のメンタル

(1) 今を楽しむ

「例年通り」「前年度に倣って」といったやり方が通用しない「今」を，どう捉えるか，ではないでしょうか。悲観するのか，貴重な経験をしていると考えるのかで，動き方が違ってきます。「新型コロナ対策の休業」によって，これまでの環境では見えていなかったことがわかるようになり，その結果，新しくできるようになったことがあるかと思います。ピンチによって，どれだけのチャンスが得られたかの視点が，今後の教師の糧になります。そして，教師の成長は，子どもたちの成長に反映していきます。

(2) 未来に向けて，スケジュールを立てる

年度末，卒業生に向けて何と言って送り出したいですか。そして，終業式の日，進級を前にした子どもたちに向かって，何を伝えますか。そのとき，

子どもたちや教師はどんな表情をしているのでしょうか。

未来は着実に近づいてきます。新型コロナ対策の休業を経験した2020年は，例年とは違う年度末になりました。そして，４月には次の年度が始まるのです。

未来に向けて，やるべきことは何でしょうか。子どものメンタル，教師のメンタルを守るために，やってはいけないことは何でしょうか。スケジュールを立ててみましょう。

（3）戦略的に変えていく

新型コロナによって，社会全体が大きく変わりました。子どもたちを取り巻く環境も大きく変わっています。その中で，学校現場はどのように変わっていくといいのでしょうか。また，社会から求められる学校の役割とはどんなものでしょう。子どもたちの教育について，何を変えるのか，また，変えてはいけないところはどこかを，現場での状況を整理して，実際に子どもたちを見ながら，考えていくことが大事になってくると思います。

（4）主体的に生きる

どうして教師になったのですか。他の職業ではなく，教師を選んだのはなぜでしょう。そこに，With コロナでの教師のメンタルを支える大きなカギがあります。ぜひこの経験を機に，ご自身の原点を振り返ってみてください。

4　オンラインとオフラインと教師のメンタル

学校の教師がオンラインで子どもとつながる，ということで見えてきたことは何でしょうか。

休業中の学校現場では，「教師がオンラインで子どもにつながる」という取り組みが始まりました。会えない子どもとつながりたいという気持ちが原動力だったのですが，教師たちの間で，その気持ちの共有と行動に移す過程が，とても難しかったと思います。気持ちはあってもツールがない，ツールはあるのに協力や許可がなくて使えないなど，現場の事情によって様々なジレンマにさらされました。インターネット上で企業から学校向けの無料のサービスが展開される中，積極的に使おうとする教師がいる一方で，協力や使用の許可を渋る，あるいは認めないという雰囲気がありました。何が起こっていたのでしょうか。温度差の中には，オンラインへの苦手意識や，わからないことやできないことを避けたい，という気持ちも少なからずあり，お互いの考えや気持ちを話せない，現場のコミュニケーションの在り方も影響していたのではないか，と感じています。

これまでやっていなかった新しいことをはじめる，特に，今回のような急激な変化の中で，現場で対応策を考えていくというのは，変化がさらに大きくなっている現在の社会の中では大事なスキルです。子どもたちの現状を見て，柔軟に変えていく部分と，将来を見据えて変えない部分を現場で考えて，判断していく必要があるのではないでしょうか。今回，コロナ禍の中で「オンラインで子どもとつながること」が注目されています。こういった今までになかったイレギュラーも，教師同士がオンラインでもオフラインでも積極的にコミュニケーションをとりながら，乗り越えていければと思います。

ピンチはチャンスです。教師の方々が，コロナ禍でのチャレンジ経験を，子どもたちのこれからの学びに生かしてくださることを大きく期待しています。

（本田　章子）

Point

- 見通しがないとメンタルへの影響が大きい
- 新型コロナにめげない教師は，柔軟性が高い
- 「ピンチはチャンス」で，経験を今後に生かす

コロナ禍のメンタルヘルス対応事例

●困難な状況だからこそ心がけたいこと

事例１「新型コロナにかかるかも」

小学校５年生のＡくんは，自閉スペクトラム症（ASD）の診断をもつお子さんです。学校がとても好きで通級の先生や友達と好きな電車の話をすることを楽しみにしています。

緊急事態宣言が出された際には，自分も新型コロナにかかるのではないかという不安があり，「ステイホーム」というルールをかたくなに守っていました。一方，そのせいで大好きな電車に乗れないことや通級の先生との電車の話ができないことに強い不満を述べていたようです。

ようやく学校が再開されたときには，楽しみにしていた学校に登校し始めたものの，再び感染者数が増えたというニュースを聞き，新型コロナへの感染に対する恐怖が蘇ってきました。しきりに在籍級の担任や通級の先生に新型コロナの話題をもちかけるようになり，家庭では，ずっと新型コロナ関連のニュースをインターネットで見ていました。すると「新型コロナの感染者数が増えたので学校を休みたい」と登校渋りを見せるようになりました。

早いうちに対応しなければ長引いてしまうと考えた担任は，すぐに校内委員会でＡくんに関する情報を共有し，新型コロナに感染するかもしれないという強い不安がうかがえること，それによる登校渋りがあることを報告しました。そして，スクールカウンセラー（以下，SC）および通級の先生と連携しつつ，本人への支援策を考えることとなりました。

通級および SC の先生と相談した結果，Ａくん本人と家庭に対して，以下のアプローチを試みることとしました。①家庭での情報の制限を行うこと，

②感染リスクについての正しい知識を得ること，③家庭内でできる楽しい課題（好きな電車の動画を見て，先生に素敵ポイントを報告する）を設定することの３点です。また，通常の学級活動においても，新型コロナの話は極力避け，子どもたちが与えられた課題に集中している様子を見かけたら積極的に褒めるなど，適応的な行動を増やすことに重点を置いた関わりを意識していきました。

その後，Ａくんは安定して学校に登校できるようになり，学校で新型コロナの話をすることもほぼなくなりました。保護者からも以前のように楽しんで学校に行くことができているという話がありました。しかし，同時に「今度は夜遅くまで動画に夢中になってしまって……」という話が聞かれ，確かに授業中も眠そうにしている姿が目につくようになってきました。

【事例のポイント①】いきいきと過ごす時間を増やす

今回の事例は，新型コロナ感染の発生状況に関する報道に触れる機会が多くなったことで感染への恐怖感が増し，その対処方法として実行した「ステイホーム」のルールを守るという行動が厳密になり過ぎることにより，却って本来の活動そのものを制約してしまっている状態だと考えることができます。特に ASD のお子さんの中には，こうしたルールを守ることに過度なこだわりを示す子がいます。加えて今回は「ステイホーム」が社会的にも称賛されている訳ですから，周りからはその厳密さが非合理的に見えたとしても，本人としては正義感に満ち溢れた行動に映っている場合もあります。

こうしたお子さんに対して，その非合理さを真っ向から否定するだけでは，「この先生は何もわかってない！」と意見が対立するだけで，関係性が悪くなってしまうことが予想されます。必要なのは，新型コロナへの感染を「ちょうどよく」恐れるために環境を整え，どのようにすれば新型コロナにとらわれずに子どもたちの「いきいきと過ごす時間」を増やせるかを考えることです。

そういう意味で今回の事例は，①家庭での情報の制限を行うことで，過度な不安にさらされる機会を少なくすることができ，②感染リスクについて正しい知識に触れて，「ステイホーム」以外にも適切な行動を身につけられたことで，「感染予防に努める」という枠組みを変えずに適応的な状態に近づけることができたのではないかと考えられます。また，③家庭の中でもできる楽しい活動を設定したことは，結果的にコロナのことを考える時間を減らしただけでなく，日々の生活を充実させるような支援となっています。そしておそらく，通級の先生と電車の話でつながることも，お子さん自身にとっては大切な時間だったのではないでしょうか。今回のように「自分が乗った電車の話ができない」ことだけでなく，「先生と好きな活動の話ができない」ことへの不満をニーズとして捉えることができれば，その代替案を一緒に考えるきっかけになります。

ただし，少し気がかりなのが，睡眠時間を削ってまで動画にのめり込んでしまっている点です。新型コロナのニュースを見聞きし続けるよりはずっと適応的と言えますが，日中の眠気が強くなっていることはやはり問題です。好きな活動とはいえ，生活習慣の乱れから集中力を欠いてしまい，ストレスを却って増やしてしまうことにもつながりかねません。このような日常生活への影響について本人と話し合った上で，インターネット利用時間の限度や利用していい時間帯を決め，時間制限機能などを使ってインターネットと上手く付き合う感覚を身につけるとよいでしょう。他方で，趣味の電車「研究」の方法を動画視聴以外に探ってみることも一つの手です。車両装置を理解したり，模型を作ったり，鉄道旅行の計画を作ったり，鉄道サークルのコミュニティに参加するなど，同じ趣味でもそのチャンネルの幅を広げていくことができれば，動画視聴時間の量を増やす必要はなくなるかもしれません。

今後の課題として，このようなお子さんの事例で一般に懸念されることは，他のお子さんに対しても感染予防のためのルールの徹底を求めることで，トラブルに発展することです。感染予防に対する意識づけには必ず個人差が生じるので，子どもたちの行動を完全にコントロールすることはできません。

そうした場合も，ルール違反を指摘すること自体は責めずに適切な伝え方を示し，その一方でどうしても事情があってルールを守れなかったり，忘れてしまったりすることは誰にでもあることを本人の体験に照らし合わせて伝えていくとよいでしょう。

【事例のポイント②】いち早く専門家とつながる

今回の事例では，在籍級の先生から主体的に校内委員会を使って，SC，通級指導教室の先生と連携された点は，複数の大人とのつながりをもつAくんに適した対応であったと思います。日頃から校内委員会を使い情報共有を頻繁に行っていると校内体制を整えやすいため，対象になった子どもに対して一貫した支援（見守りを含む）ができます。また，校内に潜在している高い専門性をもつ先生の力を借りられる可能性もあります。

ただし，学内に支援を行えるキーマンがいない場合もあります。そうした場合，地域にあるリソースを活用するという方法もあります。しかし，これは地域によって大きく異なるため，学校区がある自治体のサービスを把握しておく必要があります。共通して利用できそうな例として，①地方自治体にある教育センターなどの教育委員会関係の機関が，専門職の訪問支援を行っているサービス，②療育を受けている場合に，保育所等訪問支援として専門職が学校に訪問をするサービスがあります。これらのサービスは，学校に直接，専門職を派遣してもらい支援の方策を検討するというものです。サービスの有無を確認するためには，自治体の教育関係の窓口（教育センターなど），福祉関係の窓口で確認するのがいいかと思います。

一方で，学校に専門職を呼べない場合，学校や家庭での様子を記録しておき，「発達を専門とする」医療機関への相談を勧め，保護者の同意を得た上で情報提供を行うということも選択肢の一つかと思います。また，家庭の状況により医療との連携が難しい場合には，スクールソーシャルワーカー（以下，SSW）を活用し，家庭と医療の橋渡しをしてもらうことも可能です。

【事例のポイント③】子どもの目線で起きていることを知る

休業時に「大好きな電車に乗れない」「通級の先生や友達と電車の話ができない」と自宅で強い不満を述べていた際，A君の話し相手になっていた方は誰で，どんなやり取りをしていたのかという状況把握が必要かと思います。もし，話を聞いてもらえず，「わがまま言うんじゃありません」と言われていたら，Aくんは，とてもつらいと思います。家庭で，A君の特性の理解とその対応について，理解があったのかどうかも気になるところです。Aくんが困っている，登校渋りをしている，そのことを保護者がどう捉えているのか，保護者が何に困り感を抱えているのかについても，大事な聞き取りポイントになります。Aくんが放課後デイサービスを利用しているのであれば，そこではどんな状況なのかも聞いておくといいでしょう。

また，「新型コロナにかかるのが怖い」というのは，単に感染するのが怖いというだけでなく，Aくんがどんな状況から，何を感じて怖さを増幅させているのかを考えることも必要です。ニュースを家庭でどんな会話をしながら，一日にどれくらいの頻度で見ているのかも気になります。保護者が医療従事かもしれないし，新型コロナの自粛で経済的なダメージが大きい家庭かもしれません。ニュースを見ることが，Aくんだけでなく，家族にとっても刺激になり，家庭内のピリピリした緊張感や不安感を，Aくんが「登校渋り」として体現しているということも考えられます。したがって，保護者と面談する際には，保護者の新型コロナ感染への不安を聞いて，必要に応じてSCのカウンセリングにつなげること，あるいは，経済的な困り感がある際にSSWが関わることで，子育て家庭への新型コロナの経済的援助の申請につなげることも必要になってくるかもしれません。

分散登校から通常登校への移行の際には，新型コロナの感染防止対策について学校から具体的な指導があると，子どもたちと先生の共通理解ができます。保護者に向けても同様に，感染防止対策についての発信があると，さらに共通理解が進むでしょう。今回，日本赤十字社が発表した「新型コロナの

3つの顔」を校内で共有し，各学年の子どもたちに先生が解説して伝えた学校では，新型コロナを正しく恐れる，という基本姿勢が学校で定着しやすかったと感じました。感染に対する恐怖心や差別でトラブルが発生する前に，正しい情報を学校で共有することは大切なことだと思います。保護者向けには，学校の HP で授業の様子を紹介したり，必要な情報のリンクを貼ったりするなどの発信も可能です。

休業が年度をまたいだことで，学年が変わり，担任が変わる時期だったということも注意するポイントです。A くんの担任や通級の先生が持ち上がりであればいいのですが，クラス替えや転勤などで先生が変わった場合には，引き継ぎがどのようになされていたかも気になります。担任が変わる場合には，前年度の先生と今年度の先生の情報共有の場が必要ですし，書類上だけではなく，A くんが得意なことや苦手なことについて具体例をあげるなど，休業明けの登校再開時に起こりうる課題を予測して，新年度の担任がある程度の心づもりをしておくと，新学期が始まった際にも担任が慌てなくて済みます。担任の気持ちの安定は，そのまま安心感として A くんにも伝わります。「不安や困ったことがあったときに，先生に話を聞いてもらえる」という雰囲気は，新年度開始時の A くんの緊張感の緩和にもつながるのではないかと思います。加えて今回のように，前例のない新年度の始まりは先生たちも余裕がないでしょうから，特性のある子どもは，そういった雰囲気を特に敏感に感じやすいのではないかと思います。

A くんへの対応については，関わりのある先生，保護者，関係機関が集まって，話し合う場を作るという方法もあります。情報を共有することで見えてくるものがあり，また違った視点が加わることで，関わりのヒントが見つかるということもあります。誰がどのような支援をするかが明確になることで，情報の集約先がわかり，マンパワーを有効に使えるということにもつながります。チームで関わる際には，「A くんのことを理解したい」「A くんが安心して登校できるような環境を作りたい」といった軸を共有するのが重要です。

学校で，担当の先生だけが抱え込んで悩まない，周りをいい意味で巻き込んでいくという環境を作っていくと，Aくんだけでなく，ほかの「学校で困っている子」の対応にもつながっていくのではないかと思います。

事例２「コロナ対応に奔走する先生」

３年目の通級指導教室のＢ先生は，まじめで一生懸命と評判の先生です。学校での特別支援コーディネーターに任命されたり，通級指導教室でも後輩の先生が入ってきたりしたのでさらに頑張ろうと張り切っているさなかの学校の長期休業でした。

長期休業中は，子どもたちに向けて家庭でできることがないかと教材を作ったり，家庭に電話をかけて様子を聞いたりするなど，子どもたち一人ひとりをケアするために丁寧に対応していました。学校再開後からは，「新しい生活様式」を遵守し，消毒や配膳の工夫，ソーシャルディスタンスを守らせる工夫を行いつつ，感染予防のための知識提供や，子どもたちの心のケアを目的とした授業を一から作成して実践していました。もともと帰る時間が遅かった先生だったのですが，新しい生活様式が始まってからは，やることが多くなった半面，働き方改革という側面もあり，学校に遅くまでいることが難しくなったので，帰宅した後に教材などを準備するようになりました。

そんな生活が続いていく中，周りの先生から「Ｂ先生やせたんじゃないの」「Ｂ先生，なんだか顔色が悪いよ」と頻繁に言われるようになりました。そしてあるとき，いつもは１時間前に来ているＢ先生が５分前に出勤したことを聞いたSCは，管理職に相談し，Ｂ先生と急遽面談をすることにしました。 Ｂ先生の家庭と学校の勤務内容をあらためて聞き取っていくと，仕事の量が明らかに多いこと，体の変調に気がついてはいるものの本人はさほど重要だと思っていないことが明らかになりました。

そこで，①学校における物理的な業務量の減少の工夫，②校内連携のシステムを使ったワークシェアの工夫，③自分の体と気持ちの変調に気づくための工夫をSCと管理職の先生で行うことになりました。

その後，B先生だけでなく，職員室全体がお互いの業務量を把握するために積極的にコミュニケーションをとるようになり，以前にも増して笑顔で仕事に取り組む様子が見られています。

【事例のポイント①】ストレスサインに早めの対応を

B先生のように「まじめで一生懸命で」「新しいポジションで，頑張ろうと張り切っていて」「遅くまで残って仕事をして」という方は，学校現場にたくさんいらっしゃるのではないでしょうか。「困難なことも，頑張って気力で乗り切る」というタイプの方です。

例年の学校スケジュール通りであれば，困難に直面した場合でも「新しい環境に慣れるまで」や，「大きな行事や節目（ゴールデンウィーク，夏休み，体育祭，文化祭）まで」といった，ゴールを自身で設定できました。しかし突然の臨時休業，年度をまたいでの長期休業など，新型コロナによって学校のスケジュールは大幅に変更され，先生たちのリズムも崩れてしまいました。

休業中は前例のない手探りでの活動が続き，それ以上に大変だったことは，B先生たちにとって，「子どもたちに会えない状況が，見通しの立たないまま続いた」ということだと思います。学校に行くこともできず，子どもたちが学校に来ることもできないという中で「子どもたちに会えないのがこんなに辛いとは思わなかった」という先生の声は多く聞かれました。B先生も同じ気持ちだったはずです。先生という仕事は，子どもと一緒にいることがエネルギー源になっていると思います。子どもと離れ離れになり，エネルギーが枯渇した状態で，その先の見通しが立たないまま登校再開になりました。B先生たちにとって，精神的につらいスタートだったと思います。

学校再開後はもとに戻るどころか，新しい業務が加わりました。年間予定は大幅に変更にされ，休業中できなかった授業の対応で現場は大混乱になりました。そのため例年のやり方は全く通用しません。これにより学校現場にもＢ先生にも，大きなストレスがかかっています。何をどこまで頑張るのかというゴールが見えないまま，新年度・新体制への対応，さらにこれまでやったことのない，感染防止のための消毒や配膳の工夫，ソーシャルディスタンスを守らせるといった子どもたちへの対応が必要になりました。このような，先の見えない・急な変更の多い状況の中では，Ｂ先生の「まじめで一生懸命」という強みが，悪い方向に働いてしまったのではないかと感じます。

厳しい状況の中では，「まじめに一生懸命頑張って，気力で乗り切る」というやり方で進めると，一生懸命になるあまり，周りが見えなくなる状況が生じます。「手を抜かない」のスイッチがONのまま，全てのことに対応してしまうと，ほかに使うべき時間が足りなくなります。仕事の優先順位がつけられなくなり，作業効率も下がります。できる・できないの判断ができず，全てを「やらなくてはいけないこと」にしてしまう，という状況が出来上がってしまいます。その結果，仕事ははかどらず，疲労はたまっていく，という悪循環が始まります。さらに怖いことは，自分ではこの悪循環に気づきにくいということです。

実際，学校再開後の小中学校を巡回していても，体の変調に気づいていても「大したことはない」と考える先生方が多く見受けられました。「新型コロナの休業明けで仕事量が増えて大変ですね，大丈夫ですか？」と声かけした際，「大丈夫です。自分のことより子どもたちが心配です」という返事が数多く返ってきました。先生方の様子を見ていると，自分のことに目を向けず，子どもたちを優先されていたのです。「疲れていませんよ，平気ですよ。だって頑張らないとどうしようもない」と言っている先生ほど，危ない状況でした。きっとＢ先生も同じような状況に置かれていたのでしょう。

特に「根性で乗り切る」が口癖になっている人は，何度も自分に言い聞かせているうちに感覚が麻痺して，ストレスや疲労に対して鈍感になっていきます。そしてＢ先生のように「指摘されても自覚がない」という危険な状態になります。自覚がないので，周りが止めるしかありません。同僚が指摘しても効果がない場合，管理職が休みを取らせるなど，物理的に業務量をマネジメントする必要が出てきます。

しかしながら，当の先生だけでなく職員室全体が「まじめに一生懸命やる」「頑張ることが大事」という雰囲気の中では，「休養を取る」「手を抜く」というのは難しいところです。頑張れない自分を「ダメだ」と思ったり，休む同僚に「みんな必死でやっているのに」と厳しい目を向けたり，批判する気持ちが生まれてくると，職員室の中もギスギスしてきます。そうなると，弱音や愚痴も言いづらいですし，周りに助けを求めるのも遠慮してしまいます。B 先生の職員室にもこのように「仕事を抱え込んでしまう環境」が出来上がっていったのではないかと思います。

コロナ禍で大きな変化があった学校現場では，先生たちに大きなストレスがかかっています。誰もがB 先生のようになってもおかしくないのだ，ということを理解していただきたいと思います。先生たちのメンタルケアは，とても大事なことです。では，どうしたらいいのでしょうか。

キーワードは「ストレスサイン」です。ストレスがかかっていると，「こころ」「身体」「行動」に様々なサインが出てきます。そのサインを見逃さないことがポイントです。

「こころ」に出ると，気持ちのコントロールがうまくいかず，イライラしたり，気持ちが落ち込んだり，好きなものに興味・関心がなくなります。例えば，好きな俳優が出ているドラマを観てもつまらなく感じるなどです。そのことで，自分でストレスサインに気づくことができます。「身体」には，倦怠感，コリや痛み，肌荒れ，食欲不振，視力・聴力の低下，よく眠れない，といった体調不良として表れます。ストレスと体調不良は意外にも密接な関係性があります。「行動」に出ると，「わかっているけど，やめられない」という状態になります。飲酒，間食，ゲーム，衝動買いなどがあげられます。

ご自身のことを，ちょっと振り返ってみてください。思い当たることはありませんか？　サインを見逃さず，早めに対応することが大事です。早期発見・早期対応がメンタルケアのコツです。B 先生にもストレスサインが出ていたはずですが，見逃してしまったのではないかと思います。

気がつかないうちに，小さなストレスは少しずつたまっていき，やがて大きくなって，のしかかってきます。自分で対処できなくなる前に，ストレスサインの特徴を知って，「ケアする時間をスケジュールする」「タカをくくらず予防に励む」「肝心なところで頑張れるように，事前に休んでおく」といった，先取りの行動が必要です。

疲れてくると集中力や観察力も下がります。そうなると危険予知といった，子どもに接するために先生に必要なセンサーが働かなくなります。「子どもたちのために」と頑張りすぎて先生が疲れてしまった結果，真っ先に反応するのは子どもたちです。子どもたちは先生のことを心配し，不安になり，落ち着かなくなります。先生の余裕がなくなって気が立ってしまった状況では，子どもたちもその影響を受けて機嫌が悪くなってしまいます。子どもたちのためにも，自身の気持ちや体調のケアをするということが先生の大事な仕事ではないでしょうか。

このように，先生のメンタルケアが子どもたちのメンタルケアにつながると思うのです。学校において，子どもたちが緊張したり，不安を感じたりすることなく，聞いてほしいことを口にすることができたり，つらいことや悲しいことを相談できるのは，先生が笑顔でいるときです。そういう環境こそが，子どもたちにとって幸せなことなのではないかと思います。

B 先生においても「まじめに一生懸命」メンタルケアに取り組んで，早く笑顔になってほしいところです。今後も，笑顔でいられるように，ご自身のケアに気を配って，子どもたちの笑顔を引き出してほしいなと思います。

【事例のポイント②】手の抜き方をマネジメントする

今回の事例において，B 先生がセルフケアに努めるために避けて通れないテーマとなるのが「手の抜き方」です。しかし，「まじめで一生懸命な」先生ほど，わかっていても難しいテーマです。

B 先生は元々，帰る時間が遅くなったとしても，決して仕事の質は落とさない先生です。求められている最低限の仕事をこなすことではなく，子どもたちのために最善を尽くすことに価値を置く先生と言えます。そんな先生が新型コロナ対応によって仕事量の増加を理由に自ら「手を抜く」とは考えにくく，むしろ「自分がやらなければ」と使命感のようなものに突き動かされていることは容易に想像がつきます。このような事例では，仕事量のコントロール権を本人に委ねるのではなく，管理職サイドで調整することが求められます。事例内①，②の工夫はまさにその点を押さえており，B 先生に「手を抜く」選択をするよう説得を試みていないことが，B 先生が自身の価値とのギャップを経験させないような配慮となっています。

とはいえ，学校全体の仕事量が減少する訳ではないので，B 先生の仕事量のみを問題にするだけではやや不十分かもしれません。教職員の多忙さは，このケースに限らず既に社会問題となっていますし，特に今回のコロナ禍において，職場内に B 先生の仕事をカバーできるほど「余力のある先生」がいることは稀でしょう。したがって，今回の問題は，非常時対応に本来必要とされるマンパワーをどのように補うべきかに焦点を当てる必要があります。

今回の場合では，感染予防や心のケアを目的とした授業を B 先生が自ら作成していました。子どもたちのために献身的に取り組む姿勢には本当に頭が下がりますが，ただでさえ忙しい中，専門外のことを一から調べ上げ，オリジナルの教材を作り上げるというのは明らかに頑張りすぎです。例えば，著者も所属している「日本ストレスマネジメント学会」のホームページには，「親子で学ぶウイルスと免疫の仕組み」「子どもたちのストレスサインに気づくために」「睡眠の質を高めるためのヒント」など，授業に利用できる様々な動画コンテンツがアップされています。このような既存の資料を使いながら，上手に「手間」を抜くことも一つの解決法と考えられます。

一方で，B 先生が無理をしすぎないための取り組みとしては，B 先生自身にセルフケアの必要性を感じてもらうことがポイントとなりそうです。事例内③の工夫は，身体や気分の変調への感度を上げることによって，セルフケア行動の「タイミング」を知るきっかけとなっています。さらにセルフケア行動の動機づけが低い方に対しては，この工夫に加えて，ベストパフォーマンスを発揮するという文脈の中に「意図的に休養する」ことを位置づけることが重要です。そのためには，自宅に仕事を持ち帰った日とセルフケア行動に努めた日の「一日の疲労度」「セルフケア行動」「その後の気分」「翌日の仕事のパフォーマンス」などを日誌に記録して，それぞれを比較する「セルフモニタリング法」が役に立ちます。

この取り組みを通じて，セルフケア行動が仕事のパフォーマンスを高めること，つまり子どもや職場の先生方にとってメリットが大きいと実感することができれば，セルフケア行動も「仕事を一生懸命やること」の一つであると認識しやすくなります。また，この先生の場合は頑張る姿よりも，無理なく最小限の手間で仕事をしている姿が見られたときに，管理職や同僚の先生からそれを称賛するような声かけを行うことが適切かもしれません。仕事にかける労力を減らし，意図的に休むことが自身の精神的健康のためだけでなく，子どもたちや職場全体にメリットをもたらすことを，実体験を伴って理解することが大切です。手の抜き方を身につけ，セルフマネジメントに努めることが長期戦を強いられるコロナ禍においては重要と言えます。

【事例のポイント③】管理職中心で「やること」の整理を

この事例のポイントは，管理職をどのように動かしていくのかという点かと思います。B先生の周囲の先生が異変に気がついたとしても，管理職にどのように相談すればよいのかわからないということもあるでしょう。そうした場合，まずはSCや学校医といった専門職に話を聴いてもらい，相談する内容を整理してから，管理職へ相談することが望ましいと考えられます。

また，重要なのは記録をもとに（「体調がいいときは○○だけど，今は○○」など）状況を把握しておき，後で客観的に相談できるようにしておくこと，非常事態であるときには，定期的な面接を管理職とSCが協働して行うことで体調の変化をいち早く発見することに努めることなどが有効かもしれません。

若手の先生が校内の特別支援教育のキーマンになっている場合には相談内容を抱えてしまうことがあります。校内委員会などで，先生の話を共感的に聞き，管理職と定期的に校内のケース状況を把握しておくという工夫をすることも，仕事の抱え込みを減らし，負担を減らすことにつながります。

仕事の負担を減らすという視点では，「課題分析」という方法がおすすめです。まず，チームで仕事を行う場合には，「職場」で求められる仕事にどのようなものがあるのかを細かい行動に分けて書き出してみます。例えば，放課後に教室の消毒をするという仕事であれば，「ぞうきん，バケツ，消毒液を集める」「教室の換気をする」「机と椅子を拭き取る」「スイッチや手すりを拭き取る」「ぞうきんを洗う」「各消毒作業の点検を行う」などのように，仕事の手順をスモールステップに分けた上で，仕事に必要なスキルを明確化していく作業です。この作業を行った上で，今自分が行っている仕事を具体的に記述していくと，見えない仕事が見えてきたりします。このように見えない仕事を明確化しておくと，必要なものと必要ないものが何か，それらを最適化するためにはどのようにすればいいのかが見えてきます。管理職レベルでこれを行う場合には，教員間で誰に仕事が偏っているのか，その中で余分な仕事は何か，より最適化するためには何が必要かについて検討するのに役立つでしょうし，校内分掌などで，教員のスキルの得意不得意に応じた人員配置も行うことができるはずです。教員同士がお互いの仕事の内容を把握しやすい環境をつくることは，不測の事態が発生したときにワークシェアを行いやすくすることにもつながります。

今回の新型コロナ対応のように，新しい出来事が生じた際には，見える仕事だけでなく見えない仕事が次々と生まれてきます。職員室全体で課題分析を定着させていくことによって，それぞれの先生が仕事をどの程度負担しているのか，やらなければならない仕事は何かを明確にすることができ，そこに生じる大変さなども積極的に周りと共有していくことで，仕事のバランスが適切でないときに相談しやすい環境を整えることが大切になります。

（前川　圭一郎，新川　広樹，本田　章子）

第6章

学校の現在地

1 学校と私の変化

●「行事が生み出す学びの場」「今の自分にできること」

◆ 学校と自分の現在地

（1）学校の現状

2020年春，休業が明けてしばらくは，様々な学校生活の制限がありました。しかし，２学期になると毎日の検温やマスクの着用，手洗いの徹底などは続いているものの，概ね以前と同じような学校生活を送れるようになりました。本校はできる限り学校行事を執り行う方針だったので，９月，10月の間に文化祭（舞台発表，展示発表，音楽発表会），体育大会，修学旅行等を実施しました。行事の準備期間は，本当に実施できるのかという不安はありながら，その不安と向き合う暇もないほど怒涛の忙しさでした。コロナ禍で学校行事がなくなり，日々の業務にゆとりができたという他校の話を聞くと，正直うらやましいなとも思いました。しかし，今回の経験は学校行事の意義を考え直す機会になりました。

（2）学校行事の意義

特別支援学級の担任として感じた学校行事の意義は２つあります。

１つ目は，生徒が成長する機会を作ることです。私が担当している学級は，文化祭の舞台発表でダンスと楽器演奏を行いました。練習当初は，動きはバラバラ，演奏は曲のテンポに全くついていけない状態で，生徒も教師も本番への不安と焦りばかりが募りました。しかし，毎日練習を繰り返すと，徐々に完成度が高まり，生徒も自分たちの練習の成果を実感できていました。また，発表当日に不安や緊張の中で力を発揮できたこと，発表に対する拍手や声援，「頑張ったね」という温かい言葉をもらえたことは，生徒の自信や達成感につながったと思います。このような学校生活の節目となる成長の機会を作るのが，学校行事の意義だと感じました。

2つ目の意義は，通常学級の生徒と支援学級の生徒が共に活動する場を作ることです。2020年度の体育大会では，クラス対抗リレーに支援学級の生徒が参加する方法を工夫しました。ある生徒は，ある程度のスピードで走る脚力はあるものの，1人で走るとゆっくり自分のペースで走ってしまうため，何も手立てがないとその子が入るクラスが不利になってしまいます。そのため，通常学級の生徒がその子の手を引いて一緒に走ることにしました。これまではお互いに関わる機会が少なかったのですが，どうしたらうまく走れるのかを一緒に試行錯誤しながら練習できました。また，走順が前後の生徒とも声かけのタイミングやバトンの渡し方を一緒に練習できました。その結果，本番では練習の成果が発揮され，クラスリレーが終わったときにはクラスの生徒たちから「○○さん，速かったよ！」という声が上がり，拍手が起こりました。お互いの力を発揮する工夫があれば，一緒に競技を楽しめるのだと実感できた瞬間でした。

それから，車いすの生徒が参加する方法も，担任や学年の教師中心に考えました。走行する距離を調整しようと考えたのですが，距離が短すぎても長すぎてもいけません。そこで車いすの生徒が走る距離を，同じ走順の生徒の平均タイムから計算して設定しました。すると，車いすの生徒はリレーの第一走者として，他の走者とほぼ同じタイミングでバトンパスをすることができました。車いすの生徒も工夫次第で他の生徒と一緒に競技に参加できるのだと，周囲の人たちが知る機会になったと思います。

体育大会では，このような取り組みを通して，支援学級の生徒と通常学級の生徒がどうしたら共に活動ができるのか，というのを考え，実践する機会を作れたと感じています。障害のあるなしにかかわらず，どんな人も共に活動できること，そのためには環境を整える周囲の働きが大切なのだという認識を広めていきたいです。

今後の課題として，今回は教師が中心となって支援学級の生徒が競技に参加する方法を考えたので，今後は行事の運営に関わっている生徒とも一緒に相談をしていきたいです。学校における働き方改革や新型コロナによって，学校行事の精選は今後も進んでいくと思います。しかし，学校行事の意義を考えながら，どの行事をどのような形で継続していくかを見極めていかなければと考えています。

（3）自身の変化

自分の考えを積極的に発信するようになったことが一番の変化です。きっかけは，この本の元になった特別支援教育のオンライングループでの経験です。このグループには，休業が長引く中で何か自分にできないかと悶々としていた2020年４月の下旬に参加しました。

Facebook への投稿や交流会から様々な情報に触れる中で，生徒のために先陣を切って実践を行い発信をしている人は，特別な人ではないと気づきました。自分とかけ離れた人が特別なことをしているのではなく，同じような立場の人が，似たような悩みを抱えながら日々実践を行っていることに背中を押されました。その頃に行動した結果が，第１章で紹介した臨時休業中の取り組みです。革新的なことができたわけではありませんが，自分なりに行動をしたことで，多くの気づきが得られました。それから，自分の実践をグループ内で６月に行われた情報共有イベントで話したことで，発信をするとそれに対してフィードバックが得られる，自分の考えを整理できる，新たな仲間とつながることができるといったメリットがあると感じました。

この本の執筆に関しても，自分の取り組んだことを文章にすること，その文章にフィードバックをもらうことを通して，自分の考えを整理できました。

また，この原稿を書くきっかけになった10月の座談会では，仲間がいるありがたさを実感しました。学校行事が続く忙しさの中で，なかなかコロナ禍での新たな取り組みを模索するモチベーションを保てていなかったのですが，全国各地でパワフルに働いていらっしゃるみなさんの様子を伺い，自分も頑張らねばと刺激をもらえました。今後も継続して発信を続けていくためにも，お互いにいい影響を与え合うことのできる人たちの存在は大切だと再確認した場になりました。

このグループでのつながりに限らず，新型コロナを機にオンラインで様々な人と気軽につながれるようになりました。私自身は，今まで関わることの少なかった医療や福祉，行政，心理職の方などと話をする機会が増え，特別支援教育の幅広さ，奥深さ，自分の勉強不足を感じています。様々な立場の人と対話をしていると，自分の経験や考えとズレがあるときに無意識に相手の考えを否定してしまうのですが，その発言の背景を考え，ズレを認識しながら対話を続けることが大事なのではないかと思うようになりました。

また，いろいろな人と話をする中で，自分は教師の立場で特別支援教育に携わっているという自覚が強くなりました。障害のある人たちに対して，社会全体に対して，学校や教師には何が求められているのか，自分には何ができるのかと改めて考えるようになったのも，自身の変化です。

まだ十分に行動や発信ができているとは言えませんが，自分の立ち位置から自分にできることを続けていきたいと思っています。

（大石　梨菜）

Point

- 学校行事の意義を再考し，生徒の学びにつなげる
- 意見を発信することで，仲間を作る
- 自分にできることを考え，実践を続ける

2 学校があること

●学校の「変わっていくよさ」と「変わらないよさ」

1 学校の現状と変化

（1）学校が変わるきっかけは「いいね！」の実感

コロナ禍での臨時休業をきっかけに，学校の変化を最も大きく感じたのはMicrosoft Teamsの導入です。在宅勤務期間にTeamsを活用したオンライン会議が始まって以降，通常の勤務に戻った現在も会議や研修での活用は続き，すっかり定着しました。また，Teamsで校務分掌等の業務目的に合わせたグループを作成し，チャット機能を活用して連絡事項を周知したり，業務の進行状況を共有したりといった連携も取りやすくなりました。

勤務校では本校に職員室が２つ，さらに校外に分教室が２つと，教員が4ヵ所に分散しています。それぞれの学部で児童生徒の下校時刻が異なることもあり，もともと教員間でこまめに連絡を取り合うには不便な環境にありました。情報共有のハードルになっていた「集まりづらさ」や「連絡の取りづらさ」がTeamsによって解消し，仕事の効率化にもつながりました。学校は「大きな変化を受け入れることが苦手」と言われることもありますが，実際に試してメリットを感じられるものであれば，活用場面は広がり自然に現場に定着していくものだと思いました。

一方で，コロナ禍でオンラインやICT機器等を活用した学習が学校内に定着したかと問われると，まだそこまでは至っていません。しかし，授業での活用も少しずつ増えていき，確実に一歩踏み出したことは実感しています。毎年続けている近隣の小学校との交流も，2020年はオンラインでつながり，ダンスなどを披露し合う形で実施されました。

このようにオンラインの活用を人と人とがつながるためのツールとして見直してみると,「特別支援学校にはオンライン学習なんて難しいかも」と思っていたときよりもずっと身近なものに感じられるようになりました。隣の教室の友達や教員とテレビ電話でつなげるだけでも,子どもたちはきっと興味津々で,画面に映る友達や教員に注目したり,画面に向かって手を振ったりしてくれそうだな,と想像がふくらみます。

(2) 行動記録で感染時に備える

学校再開後,市内でも特別支援学校の教員の感染や障害者施設でのクラスター感染が報告されるようになりました。身近な場所での感染によって,「誰でも感染しうること」「どの学校でも起こりうること」としてよりリアルに感じるようになりました。学校で感染者が発生したときの経緯や対応について情報が入ってくるにつれ,濃厚接触者を速やかに特定できることが,学校の安全を確認するために重要であることがわかってきました。

勤務校ではそれまで「職員は自分の行動履歴を把握しておく」「会議等の議事録には参加教員の座席配置も記録する」など,教員については行動記録を残せるようにしてきましたが,学習場面などの児童生徒の記録は学年や学級に任せられている状況でした。そのような中,児童生徒の感染を想定して２週間分の行動記録を急遽用意しなければならない場面がありました。濃厚接触者の特定のためには,関わった人との「距離」「時間」「マスクの有無」などの情報が必要です。しかしその時点では,「誰とどういう状況で,何分程度接触したか」などの詳細までは記録として残していなかったこともあり,複数の教員で記憶をたどるのは,なかなか大変な作業でした。

こうした経緯もあって学校では,授業ごとに必要な情報を記録し,２週間を目安に保管していくことになりました。活動場所や参加者,配置やその感覚,実施した感染症対策など,些細なことですが毎日授業ごとに記録するのは,じわりと負担がかかる作業です。しかし,特別支援学校では複数の教員が複数の児童生徒に関わっていて,コミュニケーション場面や介助場面など,近い距離で接する状況を完全に避けることはできません。記録を残すことで，距離や換気などの感染症対策を改めて意識できる場面もありました。いざ学校で感染者が確認されたとき，「感染したかも」「感染させたかも」という闇雲な不安を最小限に済ませるためにも，日頃の行動記録は大切だと感じました。

2 つながりが途切れて向き合った「学校」の意義

臨時休業が始まって少し経った頃，私は「知的障害のある子に学習ニーズはないのかな？　学校が休みでもデイサービスがあるし，みんな困っていないように見える。この子たちにとって学校って必要じゃないの？」と悶々と考えるようになりました。今思えば，単純に子どもたちと会えない寂しさや不安が，そのような思考にさせたのだと思います。

そのようなこともあり，コロナ禍の臨時休業は私にとって，知的障害のある子どもたちが「学校以外でも」学べることと「学校だからこそ」学べることの双方について向き合う機会となりました。

知的障害の特別支援学校小学部では，着替えや食事，排泄などの生活スキルを身につけるための練習も，遊びの時間も大切な学習として教育課程に位置づけられています。臨時休業中の学習ニーズが見えにくかったのは，学習内容が生活場面と関連していて家庭との連携が可能であること，また日頃から個々に応じた内容をそれぞれのペースで学習しているため，「(誰かと比べて) 学習が遅れる」という不安や焦りの声はあがりにくかったのかもしれません。

生活の中で自然と身につくことと学校で学ぶことの大きな違いは，学ぶための環境が整備され，計画的に指導されているという点です。

学習のねらいに焦点化した教材や，生活場面への広がりを意識したスモールステップの場面設定，構造化された学習空間などの物理的環境に加え，教員の意図的な働きかけや一緒に学ぶ友達の存在といった人的環境など，一人ひとりの学びを深めるための環境は学校特有のものだと思います。教員や友達など，人との関わりが学びの相乗効果として働くことが，「学校に通う意義」でもあり，教育的配慮の下，そのような環境で学べるのは「学校だからこそ」できることなのだと思いました。

学校での学習は子どもたちにとってワクワクすることもあれば，興味のないことや苦手なこともあると思います。それでも学校は「面白いことがありそう」「ほめてもらえてうれしい」と思えるような場でありたいし，「好きな友達や先生に会える」場でありたい。私自身もその期待に応えられるような“人的環境”でありたいと改めて感じました。

第1章で紹介した「マスク着用の指導」の経過です。毎日少しずつ無理なく練習を積み重ねたことで，指導開始から半年程で授業中マスクを着けていられるようになった子や，保護者から「自宅からバスポイントまでマスクができた」と報告があった子もいて，その変化に驚かされています。指導開始時は，どちらも一瞬でマスクを取ってしまう子でした。「できない」と決めつけてしまわず，「どうしたらできるだろう」「少しずつチャレンジしてみよう」という特別支援教育の基本的な考えに立ち戻ることの大切さも考えさせられました。

社会や生活の変化に伴い，身につけたいことも変わってきますが，長期的な視点で学習を積み重ねていけるのも学校の強みだと感じました。学校でなくても学べることはいくらでもあるし，学校が全てではないけれど，「たかが学校，されど学校」という気持ちを真摯にもち続けたいと思います。

（櫻井　有希）

Point

- ●メリットを感じれば，新しいことも定着する
- ●「感染した場合」を想定した備えも大切
- ●学校のよさを知る「たかが学校，されど学校」

コラム　緩やかにつながっている実感を

「突貫工事」のオンライン授業

「これは大変なことになる……」

2020年２月下旬の安倍首相のメッセージを受け取りながら，これまで生きてきて感じたことがない恐怖を覚えました。これは現実なのだろうか……夢であってほしいなどと，子どものようなことを思いながら眠りについた気がします。

大学にもそのすさまじい影響は吹き荒れました。卒業式は中止になり，そして入学式などの入学関連行事も本当に最小限度の開催を余儀なくされたのです。これは，学生達にとっては「終わり」と「始まり」がはっきりしない状況の中で，ときだけは確実に流れ，そのときの中で自分も進んでいかねばならない事態を生み出したと言えるでしょう。

対面型の授業は実施できるはずもなく，授業は全てオンラインでの実施となりました。2020年４月のことです。恥ずかしながら本学には，オンライン授業を実施できる十分なインフラ整備もなく，そのノウハウも蓄積されていませんでした。そのような大混乱状況の中でオンライン授業が始まることになったのです。

キャンパスの風景を届ける

こうして，オンライン授業が始まりました。最初の２回程は，こちらも授業をつくり配信するので精一杯。全く余裕はありませんでした（結局，前期の終わりまで余裕などありませんでしたが……）。そのような日々の中，何気なくキャンパス内を歩いていて，ふと立ち止まったことがありました。いつもは華やかな感じが漂う中庭には人影が全くなく，テーブルと椅子が寂しく佇んでいる風景に目がとまったからです。でも，その横では新緑が輝き，誰も居ないテーブルを照らしていたのです。思わずスマホで画像を撮りました。学生達は，入校に制限がかかっており，キャンパス内の季節の移り変わりを直接目にすることができません。またここで，一緒に学んだり話したりできる日が来る。その日まで，少しでも彼女たちに，自分のキャンパスを見てもらいたいと思ったのです。その画像を，講義で配信するオリジナルテキストに貼り付けました。その日の振り返りコメント欄には（本学はクラウド型の支援システム manaba を使用しています）思ったほどの反応はありませんでした。それでも片手くらいの学生たちからは，キャンパスの風景とそこへの思いが綴られていたのです。

学び方をガイドする

講義を配信するといっても，そのやり方には様々な方法があります。

・オリジナルテキストを毎回作成する。

・オリジナルテキストは，「学びのガイド」であり，解説や教科書の該当ページ，資料，動画のポイントやその読み方，見方などを解説したものとする。

・上記の様々な学びのコンテンツを組み合わせパッケージ化する。

という方針で講義を配信することにしました。

以下に１年生の最初の講義の配信で学び方を解説した部分を示します。

〈以下，配信内容の引用〉

では，今日の学び方の流れを確認していきましょう。

【配信ファイル】

○第１回講義ファイル（PDF）

○2020年度第１回講義プレゼンスライド（PDF）

○第１回ファイル〈大学を卒業したあの頃〉（PDF）

○音声付きスライド 「ぼく本当はプールに入りたかったんだ」

【学び方】

①第１回講義ファイルを開き，その流れに沿って学習を進めてください。

②講義プレゼンスライドは，講義ファイルに沿い作成しています。印刷してメモ用に使ってもらって構いません。使い方は，皆さんの自由です。
③音声付きスライドは，今回はファイル形式を変えて添付しました。前回難しかった人も，今回は再生できるかもしれません。聴ける人は再生してみてください。難しい人は，第１回講義ファイルの中に概要を記述しています。
④最後に，レポート機能を使って，簡単な振り返りをしてください。それを送信すると終了です。

レポート送信の締め切りは５月３日（日）としておきます。〈引用終了〉

多くの学生が，オンライン授業の実施により，大量の資料，ファイル，音声ファイルなどに追われることになったはずです。大量のメール，添付ファイルなどで混乱する人たちがいるだろうと推察しました。そこで，配信したファイル一覧や「学び方」を時系列で示すことを意識したのでした。

顔が見えたらホッとする

私はほぼ毎回の講義でオリジナル動画を作成して配信しました。しかしそれは１本15分以内で，毎回合計２本までと決めていました。講義は講演会ではないので，ただ単に講義の動画が流される状態では，学生に力をつけることにはつながらないと考えていたからです。

頭書は，データの大きさを考慮して，15分以内の語りを録音した音声ファイルを配信していました。しかし途中から，ワイプに私の顔も映った動画の配信に切り換えました。それは，

「誰とも会わずにずっとパソコンに向かって講義を受けてひたすらレポートを書く日々です。苦しいです。そんなときに，先生のお顔が見えて，お話を聴けたので凄くホッとしました……」

というニュアンスのメッセージを複数受け取ったからでした。たとえ僕の顔であっても少しは役立つのかな（笑）。やはり，学生たちは苦しい状態の中でなんとか踏ん張っているのだ……と痛感させられたのでした。

「本当にこんなことを書いてもよいのですか？」

そのようなこともあって，毎回の講義の振り返りレポートフォームに，講義に関連してもしなくても，自由に記述できる欄を設けました。最初は，

「すみません，こんなこと書いて。でも聞いていただきたくて……」

のようなフレーズで，申し訳なさそうに学生自身の感情が綴られていました。その中からいくつかを，内容によっては脚色するなどして，全体に共有すると，それに反応するかたちで文章が綴られるようになったのです。その数はどんどん増えていきました。前期の終わり頃，複数の学生から，

「コロナ禍でなければ，対面授業で先生とこのようなやりとりをすることはなかったと思います。ゆっくりと自分のペースで学び，ゆっくりと文章を綴れる時間があってよかったと思います」

のようなニュアンスのメッセージが届きました。そう，確かに，対面授業であれば，ゆっくりとことばを綴ったり，感情を交わしたりはできなかったと思うのです。緩やかにつながっている実感をもてる状況は，全員の学生には必要ないけれど，それを必要とする人たちにとっては，意味のあることだったと思えます。

このように，コロナ禍における突貫工事のオンライン授業によって，情報の共有と情動の共有とでも表現してみたい状況が生まれたのでした。ここで見えてきたことは，学びの個別性や人と情緒的につながる重要性でした。そして，これらは，決して新型コロナによって仕方なくということばかりではなく，これまでも必要であり重要であった事柄でした。それがわかりやすく見えてきたと考えられました。

私は，インクルーシブな教育を進める際には**「徹底的な個への関心」と「緩やかな協働性」が重要**であると考えています。私が学生たちから教わったことはまさにこの２つであったと痛感します。コロナ禍で見えてきたことは，これからのインクルーシブな教育にとって重要な示唆だと感じます。

（青山　新吾）

第7章

コロナ禍で露呈した特別支援教育の課題

つながりのある指導・支援のための仕組みの課題

●場の連携と教育内容のつながりを

1 特別支援教育における「つながり」の重要性

（1）多様な学びの場の連続性

平成24（2012）年の文部科学省の報告「共生社会の形成に向けたインクルーシブ教育システム構築のための特別支援教育の推進」には，子どもたちの学びの場として「多様な学びの場の連続性」の方向性が示されました。本報告においては，日本におけるインクルーシブ教育システムでは，「同じ場で共に学ぶことを追求するとともに，個別の教育的ニーズのある幼児児童生徒に対して，自立と社会参加を見据えて，その時点で教育的ニーズに最も的確に応える指導を提供できる，多様で柔軟な仕組みを整備することが重要である」と記載されています。さらに，2013年には学校教育法が改正され，これまでの就学先決定について，就学基準の該当者は原則特別支援学校への在籍とされていた従来の仕組みが改められ，本人・保護者の意向を最大限尊重し，専門家等の意見も含めた総合的な判断をするように変わりました。つまり，従来の就学基準の該当者であっても，地域の学校に通うことを選択しやすい仕組みに変わりました。インクルーシブ教育システムにおいて，最大限共に学ぶことを目指しつつ，その時々でその子どもの教育的ニーズに応じた場を選択するためには，それぞれの場が分断されているのではなく，いつどの場を選択したとしても子どものニーズに答える準備ができていないと機能しません。通常の学級，通級による指導，特別支援学級，特別支援学校，それぞれお互いとのやりとりがなく，お互いに何をしているかを把握していなかったら，たとえその時々に応じて柔軟に教育の場を選択したとしても，子どもの学びや支援がぶつ切りになってしまうでしょう。そのため，お互いにいつでも連絡がとれる，連携がしやすい状況をつくっておく必要があります。

（2）個別の教育支援計画，個別の指導計画の連続性

多様で柔軟な学びの場の仕組みがスムーズに機能するためには，前述のようにそれぞれの場同士が連携できる仕組みをつくっておくこと，そして子どもたちが何を学ぶかが明確にされることが大切です。2018年の学習指導要領の改訂においては，より連続性のある教育課程の編成が重視されたと共に，通級による指導，特別支援学級において個別の教育支援計画及び個別の指導計画の作成が義務付けられました。通常の学級に在籍する支援が必要な子どもについても作成が推奨されています。個別の教育支援計画は早期から成人まで一貫した指導・支援ができるように，保護者と医療や福祉などの関係機関と連携を図り，長期的な目標や各機関における指導・支援について記載する計画です。この計画により，子どもの生活の場は学校のみでなく，家庭や地域であることを踏まえ，さらに成長に合わせて一貫した，つながりのある支援をすることができるとされています。個別の指導計画は，より短期的かつ具体的な学校教育における子ども一人ひとりの目標や指導内容，方法を記載した計画です。学校教育において特別な教育的ニーズのある子ども一人ひとりの学びを保障する仕組みが，この個別の教育支援計画と個別の指導計画です。これらが機能していないと，どの場にいってもその子が何を学ぶのかは不明確なままで，誰もその子の学びに責任をもたないことになってしまいます。また，年度をまたいだ引継ぎができなかったり，家庭や医療・福祉などの関係機関における支援がぶつ切りになったりしてしまいます。

2　特別支援教育におけるつながりの課題

本グループで最初にオンライン交流会をした際には，上述した教育の場や内容の連続性やつながりに関するいくつかの課題が出てきました。

１点目は今回の休業が３月・４月であったことにより，子どもの実態把握が十分にできない中で休業中の課題やオンライン授業の準備が始まったことです。昨年度から引き続き同じ学年や学級を担当する場合は特に問題はなかったものの，新しい学校に異動した先生，新任の先生，新しい学級を受け持つ先生については，子どもにまったく会うことなく，課題や授業の準備をする必要がありました。また，前年度の担当の先生が他の学校に異動になった場合については，引継ぎを十分に受けることも難しい状況でした。

一方で，学校によっては非常にスムーズに課題や授業の準備ができている学校もありました。それは，前年度の３学期の時点で翌年の個別の計画を作成していた学校でした。これらは休業中だからこそ出てきた課題のようにも聞こえますが，学校において翌年度の担当の先生が決まることは３月末のギリギリでそもそも十分な引継ぎの時間をとれないこと，そして４月の新しい学級，新しい先生の前での子どもの様子と，慣れている３学期の様子は大きく違うことを鑑みると，2020年臨時休業だけの話ではないのでは，という発信がある先生からありました。その発信から，個別の教育支援計画や個別の指導計画の見直しや，来年度やったほうがいいことをまとめておくといったことを３学期の時点で実施しておいたほうがよいのではないか，という提案が出ました。さらに，新任の先生方からは「実態把握の方法や計画の作成方法がそもそもわからない」といった発信もありました。通級による指導における教員定数化が進み，全国的に特別支援学級に在籍する児童生徒の数が増加する中で，新たに通級による指導や特別支援学級を担当する先生方が増えている中で，はじめから一人で実態把握をし，計画を作成することは休業中かを問わず難しいことです。自治体によって実態把握や計画作成についてはガイドライン等が出ていますが，ICT のツールを活用したり，必ずスーパーバイズを受けられるようにしたりするなど，誰でも一定の質の計画を作成できるようにするための仕組みを考えていく必要がありそうです。

２点目としては，多様な場同士のつながりに関する気づきです。上述の通り，「多様な学びの場の連続性」が日本のインクルーシブ教育システムにおいては大切にされていますが，臨時休業中，通常の学級と通級による指導，また特別支援学級の先生方とのやりとりがまったくなかったという学校もたくさんありました。通級による指導を受けている子どもは通常の学級に在籍しており，また，多くの特別支援学級の子どもは通常の学級にて交流及び共同学習をしていますが，休業中においては，それぞれがバラバラな取り組みをしている学校が多かったように思います。普段からお互いのやりとりが多い学校については，休業中も一緒に子どもの課題について検討をしたり，オンライン授業について検討をしたりするなどのやりとりがありました。

また，特別支援学級の児童生徒の通常学級への交流及び共同学習や，例年であれば特別支援学校と小中学校との学校間交流があったとしても，これまでの関係性やICTの整備状況によっては「今年度はやらない」といった選択をした学校もあったかと思われます。日本のインクルーシブ教育システムにおいては特別支援学校と小中学校が交流及び共同学習を通じて「共に学ぶ」を追及しているため，子どもたちの学びの機会を奪ってしまいかねません。当然，コロナ禍においてはできることとできないことがありますが，本グループでは，もともと交流及び共同学習の目的が先生方の中で共有されており，かつ，教師同士のつながりがあった学校同士は，コロナ禍においても「どうしたら臨時休業中であっても目標に応じた活動を設定できるのか？」を考え，実践することができていたということがわかりました。

（野口　晃菜）

2 指導内容や指導方法の固定化 ——ICTやオンラインの活用

● ICTは必須ツールの一つ

1 特別支援教育における個別化の重要さ

本書を手にとってくださっている方々には釈迦に説法かと思いますが，特別支援教育は個々のニーズに応じて学習の目標を立て，その目標を達成するために学習内容を組み立て，指導・支援方法を個別化し，取り組みます。対象となる子どもたちの実態は本当に多種多様ですし，一人ひとりの教育的なニーズも全く違う個性の持ち主たちです。その子どもたちのニーズに合わせた実に多様なアプローチが求められますし，一人ひとりに少しでもフィットした指導・支援ができるように教師も支援者も日々努力をしています。ICT機器を用いた支援はこれまでも取り組まれていましたが，タブレット端末によって，個別化の流れは一気に加速したかと思います。板書の視写が苦手の場合は，時間を取って個別に書き写していたものが，写真に撮って手元で書き写したり，ときには写真をノートに貼ったりすることで苦手さを補い，得意を生かすリソースを生み出すことが可能になりました。また，自分の活動の振り返りを今までは苦手な言語情報の処理のみで行っていたところ，撮影した動画で視覚的に確認し，容易に振り返ったりすることができるようにもなったりしました。ですが，ここにくるまで決して順調に支援ツールとして位置付いてきたわけではありません。タブレット端末が登場した当初は，「子どもにそんな高価なものを使わせるなんて」とか，「みんなが使っていないのに，一人だけ使うなんて」ということは本当によく言われたものでした。個に応じることが謳われているはずの特別支援教育の現場で，「みんなと違う」「特別扱いはできない」という理由で子どもたちの学びをサポートするための機器が使われないことは許されることではありませんでした。これは，特に通常学級の中で，学びに支援が必要な子どもたちに必要なツールを提供できないという由々しき事態だったと私は考えていました。しかし，今では「障害者差別解消法」の施行により，合理的配慮の具体的な手立ての一つとしてなくてはならないツールと認知されてきています。タブレット端末は，個の学びに応じてカスタマイズできるマルチなツールとして，特別支援教育の個別化になくてはならないツールの一つになろうとしています。ですから，これからICTの活用はますます広がることになるのではないかと考えています。そこにきて，さらにオンラインという要素が組み合わさることになります。

2 ICTやオンラインの活用を何が阻んだのか

（1）環境整備

環境整備という観点から特別支援学級や特別支援学校の現状を見ると，タブレット端末は十分な数の機器はないかもしれませんが，機器自体が整備されていないわけではありません。むしろ，子どもたちの特性等と親和性が高いということで日常的な指導・支援では使われているのではないでしょうか。少なくとも普通校の多くの学級よりは日常的にタブレット端末を目にする機会は多いはずです。例えば，2016年11月時点で文部科学省から「特別支援教育でICTを活用しよう」[1]のようなリーフレットが作成され，活用事例が紹介されています。さらにさかのぼって，平成26年の学びのイノベーション事業の実証研究報告書[2]などを概観すると，特別支援教育分野におけるICT機器活用の多くが障害の状態や認知の特性に応じた活用をすることによって，苦手なことを補ったり，物事の理解を促したりすることで効果的に学べることを目指した取り組みとなっていることがわかります。これらから，特別支援教育分野におけるICT機器の活用は早くから着目され，実践されていますが，個の学びをサポートすることに主眼が置かれ，個の苦手さや困難さを補うためのツールとしての取り組みが多かったのです。そして，それらの多くは，「オフライン」を基本としていたのです。「オンライン」である必要性がなかったとも言えるかもしれません。もちろん，全てがオフラインではありませんし，学習を支援するアプリの中には，インターネット接続が必要なものもあります。ですが，今求められている，いわゆるオンライン上の双方向的なコミュニケーションはむしろ「情報モラル」の観点からも SNS 上のトラブル等が先行し，どこか敬遠されがちだったというのが正直なところだったと私は考えています。認知の特性等から考えてもできるだけシンプルな形での情報の提供が心がけられているので，マルチタスクが求められるオンライン上のやりとりを介した学びに現場は二の足を踏んでいたのかもしれません。このように概観すると，特別支援教育分野において ICT の活用が決して遅れていたわけではないかと思いますが，「オンライン」という冠の付く ICT の活用においては，教育界全体の流れからは遅れていたと言わざるをえません。ですから，これから特別支援教育の文脈の中で，「ICT の活用」を見ていくには，オフライン，オンライン，その両方を含んだ活用かどうかをしっかり見極めていくことが求められますし，この文脈の解釈を正確に行っていくことが求められていると考えています。

（2）教員養成，研修の不十分さ

教員養成段階における特別支援教育分野の ICT 活用について，学生たちが実際にどのくらい学んだり，体験したりしているのかを私は語る立場にはありません。しかし，特別支援学校で教育実習を行う学生たちを見たり，直接的に聞き取ったりしてみると，必ずしも現職の教員より ICT の活用方法を知っていたり，実際に授業に組み込んだりできるわけではないようです。この分野における調査研究は数が少ないのですが，2012年の調査[3]によると，この当時でほぼ講義形式の授業しか実施されておらず，「特別支援での ICT 活用」の内容はほんの少ししか触れられていないことがわかります。当時の状況から見ると ICT の活用はオフラインが前提であると推測されます。ここから様々な機器が次々と出されていますし，授業での活用事例が少しずつ増えてきているので，養成段階での学びも少しずつ充実してきているのではないかと思いますが，現場の実感としてはまだまだ充実しているとは言えない状況です。では，現場の教員の研修はどうなっているかと言えば，オンライン研修が主になってきていることもあり，ハンズオンの実地的な研修はできず，講義中心になっているかと思います。そして，その内容の多くは，双方向のオンラインシステムの使い方だったりとか，オンラインシステムを用いた授業事例が主だったりしています。そこでは一番大切にしなければならない一人ひとりの教育的ニーズに基づいてカスタマイズして使用するICT活用という視点が薄れているように私は感じています。コロナ禍においてオンラインの重要性はますます高まりますが，やはり本来の視点を持ち合わせた上でのハイブリッドな活用を考えていく必要があるように思います。

（郡司　竜平）

【注・参考資料】

1 https://www.mext.go.jp/content/1422477_1_2_2.pdf

2 https://www.mext.go.jp/component/b_menu/shingi/toushin/__icsFiles/afieldfile/2014/04/11/1346505_03.pdf

3 「「特別支援教育における ICT 活用」に関する大学の授業の実態調査：特別支援教育教員養成課程等を対象として」小林巌他 ,2012『日本教育工学会論文誌36』25-28

3 特別支援教育については後回し？

●後回しにしない実際的な仕組みをつくる

1 学校経営における特別支援教育の位置づけ

2007年に特殊教育から特別支援教育への転換があり，10年以上が経ちました。「特別支援教育の推進について」（通知）には，校長のリーダーシップの下，校内全体で特別支援教育に取り組むこととされています。2018年度の文部科学省の特別支援教育体制整備調査によると，校内委員会の設置，発達障害を含む障害のある幼児児童生徒の実態把握，特別支援教育コーディネーターの指名及び教職員の外部研修の参加の項目の実施率は８割以上であり，各小中学校における特別支援教育の体制は整備されつつあるとわかります[1]。

一方で，2017年度には，「現状，多くの小・中・高等学校等において，特別支援学級の担任経験や，通級による指導の経験を有している校長が少ない状況」があることを課題とし，特別支援教育の体制整備をより強化するためのノウハウを蓄積するための「特別支援教育の視点を踏まえた学校経営構築研究開発事業」が行われており[2]，特別支援教育を視野にいれた学校経営についてはまだノウハウが十分ではないことが推察できます。実際に全国特別支援学級設置校長会の2017年度の調査によると，小中学校において特別支援教育に関わる職務経験のない校長の割合は小学校で73.9%，中学校で77.5%であり，特別支援教育の職務経験のある校長はない校長と比較して，通級指導教員への助言が行えていたり，福祉や医療との連携ができていたりするなどの違いがあったと報告されています[3]。これらのことから，小中学校においては，特別支援教育を視野にいれた学校経営のあり方が大きな課題であることが伺えます。

2　危機的なときにマイノリティが後回しになってしまう

本グループの先生方の報告によると，小中学校の対応が二分化していたように思います。ある学校では，早い段階で可能な限りオンラインで授業をしたり，朝の会をしたりするなどの方針が決まり，特別支援学級や通級においても同様に早い段階での支援が開始していました。もう一方においては，通常の学級における方針が定まるまで特別支援学級や通級においても動き出すことができず，何もせずにただ待機をせざるを得ない状態が続いていました。ある先生からの報告で印象に残ったのが，「数が少ない特別支援学級や通級は基本的に何かをやるにしてもすべて後回しになってしまう」との言葉でした。普段から特別支援教育を視野にいれた学校経営がなされていたら，危機的な状況においても，通常の学級と同じタイミングで特別支援学級や通級による指導についても方向性が検討されると考えられます。コロナ禍では特別支援教育を視野にいれた学校経営がなされている学校とそうでない学校の差が顕著に現れたと感じます。

3　今後に活かせる学びのまとめ

（1）特別支援教育を視野にいれた学校経営計画を

ここまでの議論を総括してみると，結局のところ，コロナ禍において生じたことは，これまでの教育活動や学校組織のあり方の顕在化だと考えられます。だとすれば，今回をきっかけに，学校経営に特別支援教育を位置づけ，コロナ禍における特別な取り組みではなく，今後も継続していこうとする姿勢が重要になります。

「発達障害を含む障害のある幼児児童生徒に対する教育支援体制整備ガイドライン」（文部科学省，2017）に，以下のような記述があります。

「特別支援教育に学校組織全体として取り組むためには，校長が作成する学校経営計画（学校経営方針）の柱の一つとして，特別支援教育の充実に向けた基本的な考え方や方針を示すことが必要です」学校経営上校長が念頭におくべき事項として，次のような内容が考えられます。

●特別支援教育を学校全体として行うために必要な体制の構築（組織対応）

ここで指摘した「体制の構築」とは，例えば特別支援教育コーディネーターの指名や校内委員会の設置等による組織的対応を示しています。つまり，ここで述べられているのは「体制整備」のコンテンツについてなのです。しかし，それは多くの学校現場において既にクリアーされているものでしょう。これからは，その次のフェーズに入っていくことが求められているのです。では，次のフェーズとは何でしょうか。それは，整備された体制がいかに機能しているかという質の検討だと考えられます。

何がどうなったらよいのか？　それはなぜか？　という問いに正対し，組織的に機能している状態のイメージを明確にすることが重要です。その上で，それぞれの担当者が何にどのように取り組んでいるのかを確認しながら，質の検討を行うというマネジメントの視点が求められているのだと思います。

（2）特別支援学級や通級における学びのあり方に管理職がコミット

これについても，先述したことと同様に，特別支援学級や通級指導教室という学びの場において，子どもがどうなったらよいのか？　どのような状況が生じたらよいと考えているのか？　という状態のイメージを明確にすることが重要です。

そのためには，管理職が，特別支援学級や通級指導教室で学ぶ子どもたちは，何を学んでいるのか，どのように学んでいるのか，宿題はどのように出されているのか，家庭ではどのように学習に取り組めているのか等に関心を抱く必要があります。また，例えば交流及び共同学習では，周囲とどのようなコミュニケート状況なのか，教科等の学習状況はどうか等々の具体的な事実を把握するところから始まり，そこから何を目指しているのかをイメージできることが重要だと思います。

特別支援学級だから，通常の学級とは違っているので任せている，管理職はよくわからないということではなく，そこで何が起きており，何を目指しているのかについて知っておくことが求められているのです。その上で，管理職が担当者から適宜，報告や相談を受ける仕組みをつくっていくわけです。やはり，問われるのはマネジメントの視点なのです。

そのためには，実際に特別支援学級に入り，そこで学ぶ子どもたちと過ごし，学びの様子を参観し，子どもたちから直接話を聞いてみることが必要です。それは，担当教員の指導について評価するためではありません。そこで起きていることを実感的に把握し，知っていくことを大切にしていきたいのです。

このような管理職の取り組みがなされる学校において，特別支援教育が後回しになることは有り得ないと思います。

（野口　晃菜，青山　新吾）

【注・参考資料】

1　https://www.mext.go.jp/content/20191220-mxt_tokubetu01-000003414-01.pdf

2　https://www.mext.go.jp/a_menu/shotou/tokubetu/main/006/h29/1409221.htm

3　http://zentokukyo.xsrv.jp/page_20201204141939/page_20201205115845

第8章

今後の特別支援教育

座談会

本章ではこれまでにメンバーが書き綴ってきた原稿を概観し，今後の特別支援のあり方について青山，野口，郡司で話し合った内容から整理してお伝えします。この座談会は2020年９月26日及び10月４日にオンライン上で実施したものです。

二分化してきている現場

郡司 本日の一番大きなテーマは「今後の特別支援はどうあるべきか」です。本書の執筆陣が書き綴ってきている原稿に目を通したところを含めて，この（３人の）メンバーで少し提案できればと思っています。皆さんの原稿に目を通してきて，晃菜さんは今どんな感じをもっていますか。

野口 色々な葛藤や試行錯誤がありながらも，コロナ禍だったからこそ，これまで現場の先生方がやりたいと思っていたことが，これまでと比べてやりやすかったのはよかったと原稿を読んでいて改めて思いました。元々，この SNS 上のグループのコミュニティの先生たちは，自分たちの指導・支援をこうしていきたいっていう思いがすごくある先生たちで，もっとこうするとよくなるんじゃないかという思いをもっている先生たちが多い印象です。その先生たちが今回の臨時休業の中で，例えば，ICT を使ってやってみたかったことができたとか，そういった事実を作りやすかったと思います。先生たちの主体性が発揮されて，他の先生たちにも広がったっていう事例が見られました。これまでも ICT を活用しようとか，散々言われてきていると思いますが，やっぱり（思い描いた通りには）進んでこなかったですよね。背景にはいろいろありますが，でも今回グイッと前へ進めることができたのは進歩だし，それは今後，失うことなく進めていきたいなと思っていることの一つですね。

郡司 現場から一歩離れたところから（現状を）見ている青山先生は？

青山 今までだったら，何かできない理由を探されていたようなところが，今はコロナ禍という背景によって，ちょっとネガティブに言えば，やらざるを得ないよねっていう文脈の中で，いろんなことが進んだっていうのはもう本当にその通りじゃないのかなっていうのは共感しながら聞いていました。

郡司 学校が１学期の途中から再開され，（とても短い）夏休みを挟んで今，２学期なのですが，本当に現場は，（新規の感染者数が減少していることもあってか）「あれ，今コロナ禍だよな？」というように，コロナ禍を（一瞬）忘れてしまうぐらい少し（コロナ禍以前の状態に）戻っているんですよね。よくも悪くも以前（の状態）に戻したがっているっていうか，戻ることがいいことだという人たちが一定数いるように思えて，（この状況は）果たしてどうなのだろうと思っています。

野口 私の周りにいる先生たちは熱心な先生たちなので，逆に（以前と同じ形に）戻したくないっていう先生たちが多いですけれど，でもおそらく全体で言うと，そうでもないんだろうなっていう話はちらほら聞こえてきていますね。一方で学校や自治体によっては，引き続き Google Classroom を使っていたり，Google Meet を使ってオンラインでやりとりしていたりするというふうに，学校の中の一部として，当然のように使うようになったところもあります。対人の距離をとらなきゃいけないとだめ，例えば，全校朝会は Google を使ってやっていますとか，あとは，不登校で学校に来られない子どもが，最近，Google を通して参加していますとか。ある自治体ではもともと ICT 環境が整備，導入されていたのですが，先生たちがあまり活用してなかったという状況でした。今回のコロナ禍で活用せざるを得ない状況になったことで具体的な活用方法を学び，さらにその後，不登校の子への支援に使ってみようとか，学校で実際に活動するときに，ちょっと密にならないように使ってみようとか，アイディアがどんどん生まれているような印象があります。インフラが整っているかどうかが大きいですが，学校の意向だったり校長先生の意向だったりによって，戻したがるところと，むしろ進化するところで，今，**二分化しているのかな**というのを郡司さんの話も聞いて思いました。

青山 本学では，後期も基本オンライン授業を続行です。だから自分の現場感覚としては，全然戻っていないどころか，これ（オンライン）でいくよっていうことだし，来年度以降も，この形を今後どのようにアレンジしていくのだろうと考えています。今，教育実習の訪問指導で，特別支援学校へ行き始めていますけれど，基本的にはマスクをしているだけで前の形ですよね。教員がマスクしているけれど，主に知的障害の支援学校の小学部とかですと，感覚の過敏等もあり，やっぱりできない子たちもいます。そのこともあり，特に前と変わらない状態になっているところもあります。あと小学校，中高校にも行きましたけれど，何かマスクをしている前の形，限りなく前と同じだけど，マスクをしているだけというのは，やっぱり印象としては強く思います。

身の回りで考えると，変わったのは，研修のあり方です。行政サイドは単純に前に戻そうって考えているだけではないっていうか，実際オンラインで研修してみたら十分に求めている効果が出るじゃないかっていう手応えがあったと思います。だから，研修に関しては前の形（集合する形）に単純に戻そうと考えていないっていう印象がありました。今後の研修のあり方で相談がすでに入ってきているけれど，オンラインの効果を踏まえ，今までの形とブレンドさせてハイブリッドっていう形を模索しようとかね。そういったような印象を受けるので，研修，特に，行政研修に関してはちょっと今までよりも違うかなと思っているのが２つ目です。

【研修のあり方】
◎新しい研修スタイルへの模索が始まっている（ハイブリッド型研修）
◎対面（リアル）が必要なものを厳選する

メンタリティ

青山 ３つ目は，割と身近の若者たち，要するに卒業生たちとのやりとりの中では，若者がこれから With コロナで前に進むんだっていうよりは，前に戻る，前に戻そうというメンタリティの人が多いっていうことに大学教員としての反省があります。今後の教員養成の課題を自分に突きつけられているのではないかという思いと，若いが故に余裕がないので，新しいこと，見通しがないことにチャレンジするのがなかなか難しいから，少しでも形があるところで安定していきたいんだ，安定してやりたいんだが強く働いちゃうのかなっていう，肌感覚ばっかりで申し訳ないですけど，そんなことを思いながら最近は過ごしています。

郡司 若い人たちがチャレンジできない，特別支援に携わる若い人たちだけではなく普通校の（で働く）若者も含めて，私も現場で同じ感じを受けています。僕ら中堅が何かをやろうって言ったときに，若者世代がなかなかそこに乗ってこないことが多いのかなと思っていて，青山先生のお話をお聞きしながら改めてそのメンタリティは何なのかと考えていました。やはり安定がいいのですかね。どうなのですか？

野口 私は，若い人たちに限らず戻そうとしている人たちのメンタリティがどこから来るのかを考えると，前の形しかわからないから，それに戻すしか選択肢を知らない感じがしています。今回のグループに参加してくれた先生たちは，自分で模索して，気づいて，新しく何かを作っていく成功体験をおそらくこれまでももってきた先生たちなのです。みんなで話していても，何か新しいアイディアをどんどん取り入れようとか，自分の実践に生かそうというサイクルがすごく回っているんですよ。

郡司 そこは今後のことを考える上で，具体的に，形として何か提案が必要なのだと今お聞きしながら改めて思いました。同一性の保持，とにかく安定させるためには，前に戻すというメンタリティですね。特別支援に関わる人間ですと，やっぱり目の前の子どもたちに合わせて，新しいチャレンジをどんどんしていくっていうのが特別支援の醍醐味の一つではと個人的にはずっと思ってやってきているので，悩ましいところです。

青山 スタンダードの捉え方，考え方を緩やかでいいから整理した上で，そこから今，話をしていることとどう結び付けられるのか，その観点で提案が要るんじゃないかっていうのを，若者たちを見ていてすごく思います。ただそれはおそらく今，特別支援に限らず，日本の教育の中でスタンダードっていうことがものすごく重視されていると思います。これは大学の教職課程を見ていても，そこをすごく丁寧に指導しようとしているっていうのもあります。すでに学生の段階から，何か正しいことがあって，それに近づいていくために勉強するんだとかね。そこからズレないようにすることが大切なのだということを本人たちは意識してなくても，結局学べば学ぶほど，その感覚が身についた状態で，現場に出てしまっているかもしれないと，自分のところの学生たちを見ていても，強く思うんですよ。例えば，教員採用の試験の結果を見ると，そこをクリアしていくためには，要するに，スタンダードっていうところについての基礎的理解とその知識・技術みたいなものをどうしても見られるんですよね。僕から見たら，少しはじけていたりする若者，こういう人こそ現場に取り込んでいけたらと思いますが，はじけている，楽しみな感じの人たちが，はたして評価されるのかと考えたときに，そのあたりの教員の側の葛藤ももちろんありますし，本人たちもそこで，どう生きるかを考えたときに，やっぱり安定的な生き方に行くんだろうなという思いがあります。元に戻るとか，スタンダードがだめと言っているわけではないけど，その捉え方って，緩やかな一つの指針らしきものじゃないのかって僕は思います。そこから考えて，チャレンジするということは，こんなに大切ですごく楽しいよとか，子どもたちと一緒にやっていくってこういうことだよっていうのが，提起されていくことが必要で，その発信がいるのかなと思いました。

【戻すメンタリティに対して】
◎子どもたち，社会の情勢が変わっているので，もはや戻せない，そもそも「戻す」という概念がないのでは？

野口 特別支援教育ってそもそもすごくクリエイティブな仕事だと思うんですよ。その子どもたち一人ひとりの状態に合わせていろんなことができるじゃないですか。特に特別支援学級，特別支援学校，通級においては，特別の教育課程を編成できて自由度が高いと思います。教育課程の編成の仕方とか，それを編成する上でのルールとか，個別の指導計画の作成の仕方とかっていうその基本的なところを押さえておけば，本当にいろんなチャレンジがしやすいですし，その子一人ひとりに合わせてどんどん新しい取り組みをしていくという考え方がやっぱりフィットします。でも，もしかしたら青山先生の言う通り，スタンダードという考え方だったりとか，答えがあるよだったりとか，専門家たるものこうあるべきとか，専門性はこうだみたいな，そこに囚われ過ぎて，本来子どもに合わせて教育課程を組んだり，子どもに合わせて活動内容を組むべきところを，スタンダードに子どもを合わさせるとか，すでにある教育課程に子どもを合わせるみたいな，何かそれがさも正しいと思ってしまっている節があるのかなというのを，今，話を聞いて思いました。

【特別支援に携わる醍醐味】

◎子どもたちや，目の前の集団に合わせて編成できる教育過程

◎子どもたちが自分の強みを生かせる，先生のよさも発揮できるクリエイティブな環境

◎スタンダードに合わせるのではなく，本人に合わせてフィットさせる楽しさ

郡司 そうですね，だから，それがコロナ禍で，より如実に現れ出したというか，もともときっとそういう課題を含みながら特別支援教育は進んできているんだと思うのですけれど，どうしてもやっぱり教員が一本道から外れたくないから，「スタンダード」を綱渡りのように歩いていくみたいなことがいいのではないか，となっているんだと思います。特別支援教育に関わる面白さの多くを失っちゃっているなっていうのが僕の感覚です。このあたりは，学生さんを見ていて青山先生はどうですか。

青山 他の大学も多分基本構造は一緒だと思いますが，やっぱり特別支援の科目を勉強しているときのモードとね，いわゆる主免，私の周りの学生さ

んは小学校の教員免許状等が多いので，そこの関連の指導方法であるとか，それらを勉強しているときのモードが，学生たちがモードを切り替えてやっているような感じがすごくあります。それが私は嫌なので，そこをどう融合させるか，シラバスを工夫してみたりとか，教科指導の先生とコラボして授業を作るっていうことにチャレンジするとかっていうことをやっています。なぜかというと，学生たちが，これは特別支援の話で，これは通常教育の話っていうことで，切り替えているような気がするのですよね。だから特別支援のモードに入っているときは，一人ひとりの子どもについてあの人たちなりに純粋に考えますが，通常の教育の話になると，あるいは特別支援の話ですと上手にモードを切り替えている気がしています。それがさっき，今ここで話題になっているように，本来の特別支援の面白さっていうか，そういうモードに入っているときにはそうだと思っているんだけど，では，通常の小中学校とか，高等学校の教育の話になってくると，反映しにくいとか，そういう構造がないかと考えています。最近は，割とストレートにいろんな研修会で現場の先生に言うことにしていますが，すごく驚かれたことがありました。それは小中学校の教員の研修でしたが，特別支援って，他の人たちと同じようにするためにどういう支援が必要かっていうことを追求するということではないと思い切って言い切りました。一人ひとりをどう育てていくのかっていうことから発想していくもので，同じことをさせるためにどうすればいいですかというところには特別支援の本質がないんだよねと伝えました。その後，参加者の反応を見ていたり感想を読ませてもらっていたら，目から鱗，要するに，**悪気なく誤解している**んだなっていうリアクションがけっこうな数ありました。その場で指導主事も驚いたっていうか，そこかぁみたいな。だから，そこからもう一度丁寧にやっていかないといけないし，対話も丁寧にやっていかないと，上っ面の研修会だけをいっぱいやっていても，なんでうまくいかないのかっていう，要因の一つがそこかみたいに思います。その辺りのことが，ひょっとしたら本質的な部分としてあるのじゃないかな。

郡司 今のあたりの話を聞いていると，小学校とかにも行っている晃菜さんあたりは思うところがあるのじゃないかなと思いますが……。

野口 そうですね。本来，学習指導要領とか教育課程が先にあってそれに子どもをフィットさせるのじゃなくて，子どもたち一人ひとりが社会でどう生きていくのかなと考えながら，教育内容を作っていくっていうのが本当のあるべき姿だというふうに個人的には思います。今回改めてコロナ禍で休業になって，**いかに私たちが不確実性に耐えられないか**というのが顕著に露呈したなと思っています。新しい学習指導要領（平成29年版）で，主体的・対話的で深い学びが大切だと子どもたちには言っているわけですよ。「見えない未来においても，不確実な未来に対しても自分の頭で考える！」と。私たちもわからないわけだから，**一緒に考えていくっていう絶好のチャンスだった。**それにもかかわらずやっぱり元々あるものとか，教科書どおりにやっぱり教育を進めなきゃと思ってしまうのは，染みついているのだろうなとすごく思いました。

郡司「絶好のチャンスだった」が，現状に一番フィットしている表現だと思います。不確実性に耐えられない一番の人物は教員かもしれません。４月５月は本当にそれをひしひしと感じながら，とにかく先生たちは，ルーティンを作ることや具体的な目の前の仕事を作ることに躍起になっていた時期だったかと思います。子どもたちには変化に応じた主体性を求めているのに，自分たちは何をやっていたのかという反省しかないです。「主体性」を強く求められる特別支援の教員に対して，やはり今後アプローチを変えてそこに気づいてもらう取り組みが必要なのだと個人的には思っています。晃菜さんが言っていた教育課程の編成の面白さとか，個別の指導計画を作っていく過程の試行錯誤や，日々変化していく子どもたちと関わる楽しさを，先生たち自身が味わわないと，なかなかチャレンジングな気持ちがもてないと，今現場にいながら思います。そこを打破していくためのアイディアが何かありましたら，ぜひお話いただければと思いますけれどもいかがですか？

【不確実性に耐える条件】
◎自分で認める（自己認識）
◎一緒に進む意識，わからないことを一緒に考える
◎自分の頭で考え続ける
◎養成過程での決めごとが多い，正しい答えが決まっていることが多いことを見直し，減らす

野口　余裕のなさはもちろんあると思います。ですから，働きやすさ等はしっかりと改善していくことを前提とする必要があります。その上で，今回チャレンジできた先生たちの共通点は，安心してチャレンジできる環境ということがあったと思います。学校の中に味方がいたりとか，管理職の先生がそのチャレンジをしてもいいよっていう環境があり，背中を押してくれる存在は必要なんじゃないかなと思います。チャレンジしようとしてもすぐにはできないかもしれませんが，グループの交流会での話で象徴的だったのが，ある先生が臨時休業後すぐはじめの頃に発表してくれた，Zoom 会議，朝の会をオンラインでやるというものでした。まずは自分がやってみて，みんなはじめはすごく不安になっていたんだけれども，その先生がやっているのを見てやってみようと思って。はじめはみんな反対したのに，いつの間にかみんなやるようになっていた話でした。やっぱりそういうところだと思うんですよ。誰か，何か成功しているロールモデルがあったり，人がやっているのを見てちょっといいなと思えるとか，そういう存在がいないとなかなか難しいです。そして，それを安心してできる，やってもいいんだよって思える確証があるといいなと思います。そう考えるともちろん学校単位でもそうですし，今回すごく大きかったのは文科省から大々的に「ICT，使えるもの全部使っていい！」というお達しがあったじゃないですか。あれは大きかったと思うんですよね。自治体とか学校は管理職とか教育委員会でどこまで許可が出るのか迷う部分があったと思います。あそこで文科省が，いやもうどんどんやりましょうって言ったのは，心強かったと思いますよね。だから，ポジ

ティブな連鎖みたいなのがもっとあるといいのかなっていうのは思いますね。

青山 支援学級等は数が多いですけれど，それぞれの学校で単独で動いていて，特別支援学校に比べて組織体としてよく言えば小回りが利くし，悪く言えばバラバラって思います。だから支援学級等は，やっぱりこんな教育実践もできるよと地方の教育委員会や大学と連携して，現場も一緒になってやれるような工夫のモデルを１，２，３つと少しずつでも出していく必要があると考えます。そうしないと，なかなかその影響が他にも及ばないということを，今ちょっと（水面下で）考えているところです。例えば，交流および共同学習のあり方では，通常の学級と特別支援学級を Zoom のオンラインでつないで，教室には入れなくても支援学級でその学習を一緒に取り組む，みたいなのをね。考えたら，いろいろやれそうなことがあると思うので，そういう事例がもっと出てこないといけないですね。それはある程度，組織間で連携して，何らかのフレームとして示せるようにやろうとかね。今考えて，どのタイミングでそれを打ち出すかとかね，予算化を伴うものだったら，どこで予算が組めるのかという話をちょうど始めているところです。やっぱりそれも一つの安心感かもしれませんよね。こうやって後押ししてもらえるんだ，こういう緩やかなモデルがあるよ，とかになれたらいいのかなと思いました。

郡司 本当にまずロールモデルがいくつも必要です。本来はロールモデルがなくても（危機を）突破する人間たちは（乱暴に言うと「勝手に」）突破していきますけども，先ほどから出ている不確実性に耐えられない人たちが多い現場では，いくつかのロールモデルがあり，そこを真似てまず一つ突破することが必要です。その後は教員という特性上，みんなが突破できるんですよね。最初の突破が個人では本当に難しいのです。個人がもう少し大きな組織体とつながっていてバックアップ（安心感）があれば，いくつかの危機をもっと上手く突破することができたんじゃないかと思います。ただ，私が今回くじけなかったのは職場の同僚の支えや安心感はもちろんですが，それと同様に晃菜さんが作ってくれたグループの皆さんがですね，本当に各地でいろんなことをやっているのを見て，私が驚くようなことを平然とやっていたりとかして，これは負けてられんぞ，と後押ししてもらったのが大きかったです。だから，先ほどその安心できる環境を，僕はこのグループにもらっていたところもあるので，その意味では安心できる環境とか安心できる仲間（同僚）がいるっていうのはすごく大きいのだと思いながら，今改めてお話をお聞きしていました。

野口 今回，グループを作りましたけど，孤軍奮闘されている方が多かったんですよね。突破できるけれども，でも１人です，みたいな。なんか，なんとか困難を突破しているけれど１人ですみたいな人が多かったので，定期的にみんなで話をして横でつながって，この人がやっているのだったら，私もやろうかなみたいな，他の人がこうやっているんだったら私もこうやったらできるかもしれない，みたいなのはみんなから声が上がっていたので，おそらくみんなお互いに支えにはなっていたのかなって思いますね。

【チャレンジするための条件】
◎後ろ盾（安心感）が必要
◎組織間の連携
◎複数のロールモデル

３人による座談会を経て，グループメンバーの現状を共有したいと思い，執筆メンバーみんなでオンラインによるミーティングを2020年10月下旬に実施しました。地域によって学校や職場を取り巻く状況は違いましたが，共通の大切なトピックがありましたので，ここからはそれらを振り返り，整理します。

オンラインとオフラインのハイブリッドの維持

新規感染者数が多い地域では，休業中に教員がみんなオンラインシステムを使えるようになりました。それは今も継続されていて，会議や研究授業もオンラインで実施しています。今もなお，学校では学級の人数以上に密になることを避けることが徹底されていますので，それ以上の人数になる場合，例えば学部の集会的な活動等は Zoom を介しています。子どもたちの活動を動画におさめて，その内容を YouTube にアップし，他の学級にも視聴してもらうとか，その内容をオンライン上で共有して，学習活動を展開する形になっています。全校朝会等ももちろんオンラインで行っているので，係の子どもたちは機器の操作がずいぶんと上手くなってきています。これらは，コロナ禍でいろいろな制限があることによって逆に前進したことなのかなと考えています。

その反面，情報を担当している教員が本当に多忙になっています。ICT 機器のセッティングだけに留まらずに不慣れだったり，苦手だったりする教員のフォローも含めて行っています。冗談交じりに「この状況下での GIGA スクール構想は本当に厳しい」と漏らすこともあります。

変わらないこととして，登校時の玄関での検温，各教室前での手指の消毒，給食の配膳は教員だけが行い，会話のできない給食時間を過ごしていることなどです。教育実習生の受け入れも始まっていますが，観察中心の実習ですし，研究授業も距離を取った中での授業を考えてもらわなければならず，難しい対応になっています。さらには，学習発表会もオンラインでの実施が決まり，距離を取った動画の撮影などに教員は苦心している状況にあります。ただ，この先も状況がすぐに変わることはないのではと多くの教員が考え始めていて，オフラインとオンラインのハイブリッドな使い方は続いていくのではないかと話をしています。

特別支援を後回しにしない

ICT の活用に関して現場に訴えたいのは，とにかく通常級と同じ進度で，並行して進めていってほしいということです。学校再開後の動きを見ていると，どうも通常級へ先に機器を配置したり，そのための研修をしたりとなっていますし，特別支援学級が後回しになるのではないだろうかということに気づきました。ですから，教育委員会にも通常級での活用方法を検討している中で，ぜひ特別支援での活用方法を合わせて検討してほしいことやワーキンググループを作ってもらい，全校配布の段階で特別支援学級や通級指導教室でも同時に使えるようにしてほしいことを強く伝えました。これはコロナ禍だからということではなく，ICT 機器の配置だからとかでもなく，常日頃から大切にしていかなければならないことなんじゃないかと改めて思いました。実際にまだ実現するかどうかはわかりませんが，これからも特別支援と通常級を同時並行でということは伝えていこうと考えているところです。

燃え尽き症候群になるタイミング

コロナ禍で学校を段階的に再開しましたが，地域における新規感染者数を睨み続けながらの学校運営や，日々の指導・支援が続いています。この生活が続いている中で，例年と全く違う業務も入ってきたり，新たな授業スタイルを求められている先生方の疲弊が心配だと心理職の方々からのご指摘がありました。また，先生方自身からもモチベーションを維持するのが難しくなってきているとの報告がありました。コロナ禍を機にいろいろなことを現場で変革するチャンスではありました。ただし，そのチャンスが長期化することで取り組みが増え，忙しさ×長期化となり，一人ではモチベーションを維持することが困難になったり，このチャンスの中で本当に新たな取り組みの数々にチャレンジし，ある一定の成果が見えたことで，「燃え尽き症候群」的な症状が見られたりしているのかもしれません。逆に，コロナ禍によって学校行事等を見直した結果，業務の精選につながり，教員の業務削減となり，余裕ができたという話もありました。このあたりは，地域による新規感染者数の違い等も影響しているかもしれません。感染者数が増えている中で，例年どおりの実施が難しいと判断した結果，中止としたり，内容を縮小して実施したりすることが業務の削減になっているのかもしれないとのことでした。ただ，多くの学校現場では，例年と違う動きが求められ，もはや自分たちが例年とどこが違うのかを把握しきれていないということが起こりつつあります。全体を俯瞰して，いつもと違う業務がどこなのか，それが他の業務にどのような影響を与えているのかなどを分析する人の存在が必要なのではないだろうかというご指摘がありました。

行政が動くということ

現場でICT機器の導入に対して懐疑的だったり，反対意見があったりもする中で，教育委員会をはじめとする教育行政がどのくらい主体的にイニシアティブをとって動くかが地域の差として現れ始めています。実際のところ，各学校単位ではなかなか前に進むのが難しかった機器の導入も，自治体レベルで動くことで今までのことがまるでなかったかのようにスムーズに進んでいる印象があります。地域によっては校長会の会議や教職員の研修が全てオンライン開催となり，その費用対効果も含めて，これまでの取り組みを改めようという動きが出てきているということです。委員会主導と聞くと，今まではどこかトップダウン的な印象がありましたが，今の状況では，むしろ機器導入に関しては必須の組織ではないかとさえ思います。予算のことも含め，自治体レベルで前に進もうとしている地域と，予算がないから難しい，自分の地域では新規感染者数が増えていないのだから以前と同じでもいいのでは？　と考えている地域では今後，大きな格差が生まれるのではないだろうかと見ています。

コロナ禍でも春の人事異動を行う世界

他職種の人たちが見ていて，不思議で違和感を覚えた出来事の一つとして，感染拡大で３月に臨時休業になり，異常事態が起きているにもかかわらず，教員の人事異動が通常どおり行われたことには本当に驚いたとのことです。この緊急事態に，教育委員会の上司が代わる，学校の管理職が代わる，陣頭指揮をとる立場の人たちが次々に代わるということはありえないことではと感じていましたし，コロナ禍で迎える新年度に向けて本当に大丈夫なのだろうかと危機感を抱きました。それを教員も「人事はしょうがない」と考えている節があって，さらに驚きました。そのことも影響したのか，学校再開後の６月から体調を崩す教員を多く見てきました。教員は年間の頑張りどころを感覚としておさえているのだと思いますが，今年は４，５月の行事が全てなくなりその感覚も崩れてしまったのだと思います。加えて，本来であれば，子どもたちとつながりをもつ，保護者とつながりをもつ，同僚とつながりをもつための大切な期間の大切な活動が全てできなくなり，特に，異動してきた教員は新たな地で，新たなつながりを作る機会を奪われ，相談する相手ともうまくつながれずに本当に厳しい状況になってしまったのではないかと見ています。誰にフォローを頼めばよいのかもわからずに，目の前には新たな子どもたちを迎えなければならず，「学校の中で迷子」状態の教員ができてしまうという事態が起こったのだと思います。

笑い飛ばして進むメンタリティ——最後に

このオンラインミーティングは予定を大幅に超過して，２時間半以上も続きました。オンラインミーティングの常識からするとダメな部類のミーティングだったのかもしれませんが，全国各地から多様な校種，職種の人々が集う貴重な機会で，集まった人々が直面している様々な現実を真摯に受け止め共有しようとする空気感が時間をのばしてしまったのではないだろうかと考えています。目の前に次々に現れる困難に向き合い，そこに全力でぶつかっていることに互いに共感し，そしてときには笑い飛ばして進む強いメンタリティを感じることができる時間になっていたのではないだろうかと，今，記録を振り返りながら考えていました。このメンタリティこそがこれからの時代を突き進む中で，必要不可欠なものになりそうな予感がしています。札幌では新規感染者数の増加が止まらない状況になっているニュースを聞きながら，そんなことを考えています。（2020年11月２日）

2021年４月末。変異ウイルスによると見られる感染の拡大によって４都府県で３回目の緊急事態宣言が出されました。しかし，学校は新たな様式や感染予防対策を取りながら学び舎としての機能を維持しています。この１年あまりで皆さんが試行錯誤，創意工夫してきた取り組みが生かされているのです。今後また，社会全体がどのような状況になり，どのような変化を求められるのかはまだ誰もわかりませんが，知恵を出し合い一歩でも前へとポジティブに取り組んできた皆さんの取り組みの様子は，この一冊を手にしてくださった方々のこれからの取り組みに必ず生かされることを願い，一度手を止めたいと思います。（2021年４月30日）

おわりに

郡司

今，私はこれを2020年11月３日の文化の日に自宅にて書いています。TVのニュースではどうも今夜から雪がチラつくとの予報が流れています。そんな中，目の前の公園では，この時期にしては珍しく多くの子どもたちが遊んでいます。いつもなら家の中で遊ぶことが多い寒風吹きさらすこの時期なのに。彼らなりに外の方がストレスなく思い切り友達と遊べるのでしょうか。

新型コロナウイルスはこんな些細な眼の前の出来事に大きな影響を与えていることを改めて感じながら，PC の手を動かしている自分がいます。私が住む街では，この寒さの到来を待っていたかのように先日から新規感染者数が連日増加しています。

例年ですと，これから多くの学習発表会，学校祭が予定されています。今年は春の臨時休業が長く，運動会，陸上記録会を中止にしたり，規模を縮小して実施したりして子どもたちには寂しい思いをさせていますので，先生たちはどうにか学習発表会や学校祭をやらせてあげたい思いが強くなっているはずです。この本には，いまこの街の多くの先生たちが抱いているような葛藤や悩みと早くから向き合い，ときには孤軍奮闘し，ときには同僚と知恵を出し合い，ときにはグループのメンバーと情報共有や新しいアイディアをもらいながら，立ち向かってきた先生たちの様子が描かれています。後にも先にもない，この１年だからこその全国各地，様々な校種や職種の記録が集まっています。もう既に他の書やインターネット上にはキラキラとした最新の教育実践や知見が出ている時期かもしれません。しかし，そんな中でもこの一冊を手にし，お読みいただくことでご自身の取り組みの一助にしていただけるのであれば，これほど嬉しいことはありません。さて，同じく編集を担当していただいた晃菜さんは，今どんな思いでしょうか。

野口

この本を執筆しはじめた頃は，「徐々に感染者数も減ってきて，もう落ち着くかな？」と思っていましたが，2020年12月末の今，感染者数がどんどん増えている中編集作業を終わらせたところです。

本書の企画の際に郡司さんと，「カリスマ先生の「特別な」話じゃなくて，身近な先生たちの話としてまとめたい」と話していました。編集もなるべく先生方ご自身の葛藤や思いをそのまま残すようにしました。

コロナ禍における先生方の具体的な実践はもちろん，葛藤や気づき，感情の動き，子どもたちへの思い，教育への思いなど，いろいろなものが詰まっています。

本書をみなさまにお読みいただくことで，新しい気づきを得たり，今後の実践に活かしていただけたりすると嬉しいです。

今後感染者数は減ったとしても，しばらくコロナと共に生きていくことになるでしょう。本書における先生方の試行錯誤の記録が確実にお役にたてると思います。

臨時休業，分散登校，その後の通常登校，さらに感染者拡大……見通しがなく不安な状況，そしてものすごく忙しい日々が続く中，共にこの本を書き上げてくださった先生方に心より感謝します。本当にお疲れさまでした。そしてありがとうございました。

そして，私が「もう無理なのでは……」と根を上げそうになってもいつでもポジティブに一緒に編集作業にあたってくださった郡司さん，いつも温かく見守ってくださった青山先生に感謝します。ありがとうございました。

郡司　竜平，野口　晃菜

執筆者紹介

氏名
①地域／所属
②役職
③コメント

青山　新吾
①岡山県／ノートルダム清心女子大学
②人間生活学部児童学科 准教授・インクルーシブ教育研究センター長
③オンライン授業と対面型授業の効果的な組み合わせを追究中です。

郡司　竜平
①北海道／特別支援学校
②中学部　教諭
③北海道は今まさに正念場です。

野口　晃菜
①株式会社 LITALICO LITALICO 研究所／国士舘大学
②研究者／非常勤講師
③延期になっていた学校との共同研究や研修などが再開したところです。距離を置きながらの研修や講演スタイルに慣れてきました。

逢坂　直子

①徳島県／徳島県立みなと高等学園

②（発達障がいの方に特化した）支援学校　教諭

③2020年３月末から５月末まで休校でした。現在は通常授業に戻りつつも，行事の精選を行い，「今できること」を模索中です。

大石　梨菜

①京都府／公立中学校

②特別支援学級　教諭

③今の自分にできることを，できる範囲でコツコツと積み重ねています。

小野　拓人

①東京都／公立小学校

②特別支援教室　教諭

③長期休校を機に，学校全体でICT活用の機運は高まっています。
特別支援教室でのICT活用について試行錯誤しているところです。

川﨑　和子

①東京都／公立小学校

②教諭

③2020年５月よりGoogleアカウントが配布され，Google Meetでのオンライン指導を開始。分散登校を経て，７月より通常登校となりました。通級指導や保護者面談は希望によりオンライン可となりました。

櫻井　有希

①神奈川県／特別支援学校

②教諭（拠点校指導教員）

③新しい生活様式のもと授業は通常に戻りつつありますが，行事などは未だ模索が続いています。

新川　広樹

①青森県／弘前大学

②附属子どものこころの発達研究センター　特任助教

③大学では全面的にオンライン授業となり，教員・学生双方の負担感が増えています。

高津　梓

①東京都／筑波大学附属大塚特別支援学校

②小学部　教諭

③落ち着かない状況に緊張は続いていますが，ICT 機器やオンライン環境が気軽に使えるようになり，実践等の可能性の広がりを感じるこの頃です。

西川　満

①北海道／北海道伊達高等養護学校

②高等部　教諭

③2020年，６月１日から授業や寄宿舎生活が再開，７月22日までで１学期が終了しました。２学期は１年生の現場実習，保護者向け即売会は開催されました。

濱口　恵美

①東京都／多摩市立大松台小学校

②特別支援教室　教諭・特別支援教育コーディネーター

③休校明けから夏休みまで，小集団学習は行わず個別学習のみ行ってきました。

藤原　友晴

①兵庫県／公立小学校

②通級指導教室　教諭

③休校中は各学年教職員で動画撮影を行い，YouTubeで配信していましたが，授業が始まると一気に多忙化。運動会は種目を減らして半日開催。音楽会は中止。卒業式はなんとかいい形で行うことができました。

本田　章子

①福岡県／公立小中学校

②スクールソーシャルワーカー

③休校によって学校のリズムが変わりました。そのことで気づいたことや見えてきたものがあります。ピンチをチャンスに変える模索は続いています。

前川　圭一郎

①東京都／教育委員会付属組織（子ども支援センター）

②心理判定士

③新しい生活様式における教員研修を遠隔で実施することが決まりました。

牧野　宝子

①北海道／特別支援学校

②小学部 教諭

③北海道は，2020年10月頃から感染者数の増加により，予定していた宿泊行事などが次々と延期または中止になってしまいました。より一層の感染防止対策を講じた学校生活を送っています。

山口　禎恵

①茨城県／義務教育学校

②自閉症・情緒障害学級　教諭・特別支援教育コーディネーター

③支援学級の子たちはタイピング技術を上げてTeams等を日常使いしていたので，いつまた休校になっても大丈夫です♪

【監修者】
青山　新吾（あおやま　しんご）
ノートルダム清心女子大学准教授。

【編著者】
郡司　竜平（ぐんじ　りゅうへい）
北海道／特別支援学校中学部教諭。

野口　晃菜（のぐち　あきな）
株式会社 LITALICO LITALICO 研究所所長／国士舘大学非常勤講師。
博士（障害科学）。

オンラインとオフラインで考える特別支援教育

2021年7月初版第1刷刊　監修者　青山新吾
©編著者　郡司竜平
野口晃菜
発行者　藤原光政
発行所　明治図書出版株式会社
http://www.meijitosho.co.jp
（企画）及川　誠（校正）杉浦佐和子
〒114-0023　東京都北区滝野川7-46-1
振替00160-5-151318　電話03(5907)6703
ご注文窓口　電話03(5907)6668

＊検印省略　組版所　株式会社木元省美堂

Printed in Japan　ISBN978-4-18-432917-1

子どもと社会をつなげる！

見方・考え方を鍛える 社会科授業デザイン

峯　明秀・唐木　清志　編著

感動と体験で「見方・考え方」を鍛える！授業づくりのバイブル

「見方・考え方」を鍛える社会科授業づくりとは？教材づくりから，「主体的・対話的で深い学び」を実現する学びの過程，子どもの育ちをとらえる評価の工夫までを豊富な授業モデルで解説。「社会にどうかかわるか」を感動と体験で身につける授業づくりのバイブルです。

A5判　128頁
定価 1,540 円(10% 税込)
図書番号　3261

空間認識力を育てる！

おもしろ「地図」授業スキル60

寺本　潔　著

地図から世界が見える！学年別・単元別でわかる授業スキル60選

地図からはじまる社会科づくりを！地図帳活用がはじまる3年生から「地図の見方」「活用スキル」をどのように育むのか。産業や国際情勢、歴史の学習もリアルに魅せるおもしろ授業スキル＆モデルを学年別に約60項目，それぞれ見開き構成でわかりやすく解説しました。

A5判　136頁
定価 1,980 円(10% 税込)
図書番号　2909

子どもを伸ばす 教師の戦略

石田　勝紀　著

勉強嫌いをなくす勉強法，魔法の言葉がけで数多くのベストセラーを生み出す著者による「子どもの伸ばし方」ノウハウ。「21世紀型」の価値観で，子どもへの指導・対応はこんなに変わる！「学校の常識」を打破し，子どもを伸ばす教師の戦略をわかりやすくまとめました。

四六判　144頁
定価 1,716 円(10% 税込)
図書番号　3697

わらべうたから始める 音楽教育　乳児の遊び編

十時やよい　著

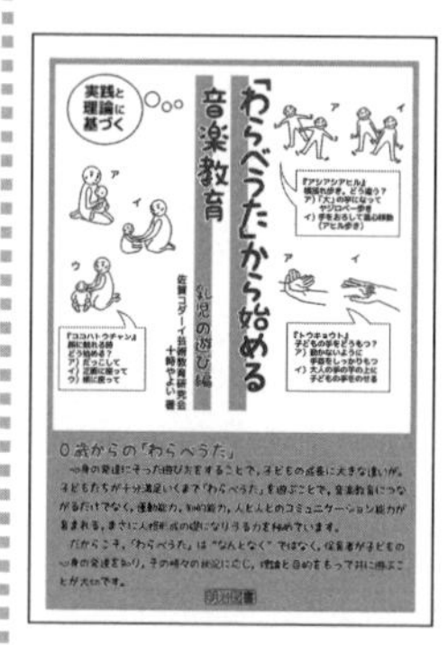

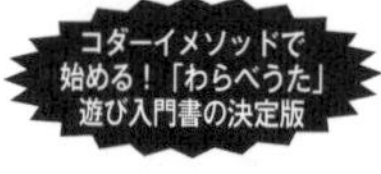

「わらべうた」は，音楽教育につながるだけでなく，運動能力，知的能力，人と人とのコミュニケーション能力までもが身につく無限の可能性を秘めています。コダーイメソッドでの30年以上の理論と実践に基づき，楽譜とイラストでわかりやすくまとめたわらべうた入門書です。

A5判　176頁
定価 2,310 円(10% 税込)
図書番号　3213

明治図書　携帯・スマートフォンからは　**明治図書 ONLINE へ**　書籍の検索、注文ができます。▶▶▶

http://www.meijitosho.co.jp　＊併記4桁の図書番号（英数字）でHP、携帯での検索・注文が簡単に行えます。

〒114－0023　東京都北区滝野川7－46－1　ご注文窓口　TEL 03－5907－6668　FAX 050－3156－2790